中國民間藏玉

吕济民

周南泉　主编

中国民间藏玉

裕福轩藏玉选

周南泉　林绵衡　著

文物出版社

封面题签：吕济民
封面设计：周小玮
摄　　影：刘小放
责任印制：张道奇
责任编辑：张广然

图书在版编目（CIP）数据

中国民间藏玉·裕福轩藏玉选／周南泉，林绵衡著.
北京：文物出版社，2004.12
（中国民间藏玉）
ISBN 7-5010-1694-1

Ⅰ.中…　　Ⅱ.①周…②林…　　Ⅲ.古玉器－中国
　Ⅳ.K876.8

中国版本图书馆 CIP 数据核字（2004）第 114894 号

中国民间藏玉·裕福轩藏玉选

周南泉　主编

＊

文 物 出 版 社 出 版 发 行

（北京五四大街29号　邮政编码：100009）

http://www.wenwu.com

E-mail:web@wenwu.com

北京文博利奥印刷有限公司制版

文 物 出 版 社 印 刷 厂 印 刷

新 华 书 店 经 销

889×1194　1/16　印张：19

2004年12月第一版　2004年12月第一次印刷

ISBN 7-5010-1694-1／K·887　定价：320.00元

目　　录

序〔一〕

周南泉

中国古玉器的收藏始于何时，目前尚无定论，但从众多的考古发掘材料看，玉器收藏最晚在新石器时代的中期就已出现。据一些发掘报告称，无论在红山文化或良渚文化等众多遗址或墓葬出土的遗物中，往往一处或一座墓葬中就有数以百计的玉器发现。它们不仅数量多，品种多样，而且制作的时间和地点也不同，有的时间上下相隔数百年或一千余年，有的即使在交通很不方便的原始社会，离某文化区域很远的另一文化区域内也能集中一批玉器在一地或一墓中。进入阶级社会以后，对玉器的收藏更为盛行。据载，周武王伐纣时，仅从殷商都城获得的玉器就有"亿百万"件(据今人保守的换算，估计约十余万件)。又如1976年在河南安阳殷墟发掘的"妇好"墓中，仅玉器一类就有755件之多。这些玉器中，据笔者鉴识，有的是早于当时一千余年的红山文化或其他文化的玉器，有的是从边远地区集结在殷都"妇好"手中的。这说明，它们被集中在一处或一人手中，若没有一种有意识的长期精心收藏，是不可能实现的。

值得指出的是，上述玉器的藏者，应是上层社会的部落首领或王侯贵族，其集中收藏，应属官方行为。至于民间的古玉收藏，很长时间以来，情况一直不详，文献和早期墓葬考古资料说明，即使偶尔在某些非官方或官员墓葬中出现几件玉器，也可能是墓主人生前隐秘而为。随着历史的发展，社会的变迁和进步，民间收藏也从暗中向公开的或半公开的趋势发展。真正的民间藏玉，最晚在宋代开始，并日渐兴盛，有些时期，一些作坊是专门为民间藏玉开设的。此后，民间藏玉虽时兴时衰，但总的来说，是连续不断向前发展的。

新中国成立后，百废待兴，民间藏玉几已停止，甚至民间收藏活动被认为是一种不光彩的行为。改革开放以来，特别是新文物法公布以后，在国泰民安，经济逐步发展的大环境下，民间藏玉又如雨后春笋般蓬勃兴旺，并出现众多专门收藏某类某种古玉的藏家。本人主编的《中国民间藏玉》系列丛书，就是适应这种社会需求的产物，亦是首次以公开的形式弘扬民间藏玉之举。它的出版，相信对现在或将来的民间藏玉爱好者来说是一件幸事。

笔者认为，国家和民间藏玉，就形式而言是相互独立的，或有矛盾的，但就实质而言不仅是相辅相成，而且最终又是统一的。因为从长远来看，民间收藏的众多精品、绝品，在将来的某一天有的会从民间转入国家收藏，在民间保藏是暂时的。很多历史事实说明，某朝某代的官方藏品，也有众多进入民间收藏者手中。笔者鉴赏民间藏玉时经常发现，有些古玉，过去显然是某文化或某朝帝王的藏品，现在则安全地由民间收藏者保存，其历史、科学和艺术价值丝毫无损。

《裕福轩藏玉》收录的一些精品，经笔者观后发现，有些原来可能是某朝的官方藏品，后来辗转多年，才由越南华侨花巨资从流出国外的玉器中收购回来。这些藏品若非这位华侨出钱出力，也许它们现在还流散在国外。新中国成立后，这位华侨在爱国热潮中带着心爱之物举家回归祖国广东省潮汕地区定居。更可喜的是，林绵衡先生不仅是与这位华侨有同好而结识，且有幸与其女儿成亲并在玩赏古玉时得到其岳父的"家传身教"。其岳父数年前病故，这些藏品一部分转入到林先生家中。与此同时，林先生借改革开放之风，下海经商，并借其岳父生前的言传身教和长期的自学得到一定的鉴玉之道，用辛苦的积蓄也收藏起古玉来，至今家中藏品除其岳父遗存和交出"学费"收藏一些伪造古玉外，已有数百件真品在手。值得指出的是，这些藏品中的精品，未来的某时，很可能又会回到国家的博物馆中去。

我与林先生相识也可能有"玉缘"，原因是他自学玉器鉴定虽有一定进步，但毕竟是人无完人，自知在藏品中必有伪品，出于要搞清藏品的真伪和继续深造的愿望，数年前带着近十件真假难分的玉器来北京找到笔者等数位古玉鉴赏者，在得知其中确有伪品时，才深感自学之才似乎不够用，不仅多次向我求教，且特邀笔者专程赴其府上鉴赏全部藏品。鉴赏中，虽发现一些各代的伪品，但更多的则是年代清楚的真品和精品。随之，他还有意将藏品公诸于众，一方面对其岳父费一生心血的收藏品以出书的形式有所交代，另一方面，又是他对古玉文化进一进推崇的表示。故将其所藏玉器精品集成《裕福轩藏玉》，纳入《中国民间藏玉》系列丛书。

林先生收藏的玉器中，有从新石器时代至清代等不同时期的代表作，除本书收录其中一些珍品外，余下的拟将日后出版。它们的公开发表，对研究和了解古玉的全面发展史，提供了重要的实物例证。

红山文化玉器，从传世的遗物看，早年已有大量存世，但鲜为人知，经考古工作者科学地发掘并正式发表，也仅有二十余年。也就是说，某件红山文化作品若在某人手中已藏数十年或更早，其真实性就很大。值得指出的是，在民间藏玉中，从玉质、沁色和工艺看，真品的确很多，但因为它们中的某些造型与出土品有别，故被众多鉴赏者以"存疑"而不敢确认为真品。如本书选入的红山文化玉器，除常见的造型外，尚有一些在考古发掘中从未见过。本书28号藏品，造型巨大罕见，在常人看来有可能是仿品，但考虑到它在林先生家经两代人收藏已有数十年，从玉质、工艺和沁色看，确认其为红山文化遗物。

红山文化玉龙，是迄今所知最早用玉制作的龙形器，有很强的时代感，被国人誉为"中华第一龙"，目前已出土三件，另有数家藏玉者手中发现多件，均可视为珍品。这里收录的一件玉龙（见图19），用碧玉制作，沁色极美，造型生动典雅，几可与内蒙古三星他拉采集的一件玉龙媲美，亦不失为一件艺术佳作。

林先生所藏玉器，尚有众多稀世精品或绝品。如本书收录的红山文化玉兽面骨形器（见图20），三星堆文化的玉纵目神人首像（见图45），殷商时期的玉燕、玉龙形玦和玉牛形嵌饰（见图39、44、42），西周时期的玉人龙复合形器（见图56），春秋时期的玉双龙首璜（见图59、60），战国时期的玉螭凤纹出廓璧（见图67），汉代的玉"苍龙教子"形带钩（见图83），南北朝时期的玉镂雕三佛形摆件（见图91），唐代的玉圆雕胡人献宝形饰（见图114），辽金时期的玉镂雕"春水"和"秋山"图饰（见图121、126），明清时期的数件玉砚（见图176、229、230、231）等，均世所罕见，即使在国内外官方的博物馆中亦不多见。其之发现，对古玉发展史的研究有着重要的意义。

2004年11月9日

序〔二〕

林绵衡

当一个不仅仅属于我的梦想即将成为现实的时候，感恩之情如决堤之水，一发难收，直逼心头。

在我的人生历程中，时代的烙印无处不在：长身体之时恰逢三年自然灾害；读书长知识时又正当"十年文革"；到了就业年龄，可就之业是上山下乡……直至后来欣逢改革开放。我所走过的人生之路虽然不乏惊险、刺激可陈，然而，欢乐也好痛苦也罢，一切的一切，都不及与古玉结缘令我刻骨铭心，终生难忘。

不懂货，不知好歹，不识抬举，对事物认识模糊、判断不准确……潮汕人通通以"不识玉"一言以蔽之。这一句使用范围非常广泛的短语，或多或少折射出潮汕人对玉的感知和玉在观念上对潮汕人的影响。单单从语言习惯上看，"识玉"似乎是人人必须具备的基本知识，然而，在现实生活中，"识玉"却是谈何容易！

让我领略古玉宝藏的博奥和浩繁、得以进入古玉领域成为一名求知者的，是许老先生。

许老先生教书育人一辈子，桃李满天下；喜歧轩之术，通读《黄帝内经》，虽从未悬壶，却也曾药到病除妙手回春；崇拜《周易》，早年预测的"戏言"，于几十年后一一兑现，令知情者诚服；对珠宝、古董、古字画更是知之甚多有研究……是"杂学"一大家。

在童年的记忆中，玩伴们并不肆意的嬉戏总是不时被许老先生轻轻的咳嗽声所打断，许老先生是刻板、严厉、不可亲近的……直到我走近古玉。

有那么一天，许老先生外出未归，我突发奇想，要知道老先生为什么总喜欢在那儿坐着，于是我走近了他的书桌。桌子上几块残缺的镇纸石深深地吸引了我。我忘记了老先生的严厉，将几块石头轮番逐一把玩。不知道老先生几时回来，他站在我身后问："好玩吗？""好玩。""为什么？"他眼睛盯着我，而我不做声。"不急，慢慢说。"老先生并不生气。"这些石头怪怪的。""怪在哪里？""温润。"听了我的回答，老先生的表情生动了起来，拿起其中的一块，像顽童般在玻璃板上使劲划了几下，并指着划痕问我："看见什么？""哇！这石头这么硬。"老先生幽幽地说道："玉残了，质不变。孩子，温润又坚硬的不是石头而是玉。玉！懂吗？"这是我所接受的有关"玉"的启蒙教育。许多年以后我才知道，这"温润"二字使许老先生兴奋不已，为我赢得了许老先生"这孩子有灵性"的考评。

从此以后，那个刻板、严厉、不可亲近的老先生不见了，代之以博古通今、谆谆善诱的老师。许老先生为我打开了宝库的大门，让我接受"古玉"文化的熏陶。

长大成人后，为稻粱谋我走南闯北。然而，寻访古玉仍然是我心中不解的情结。每到一个地方，往往是"以玉访友"比谈生意、做买卖更能牵动我的情怀。为能观赏某位藏家的收藏，我搁下生意，舟车劳顿、程途辗转在所不辞。"为伊消得人憔悴"到了"衣带渐宽终不悔"的地步。

每当有所收获，比我更兴奋的还有许老先生。他引经据典，鉴定每件藏品的真伪、出产的年代，并为之命名，劳心劳力无怨无悔。许老先生鼓励我收藏古玉，并尽其所能帮助我。他老人家认为：每一件古玉，都是其出产、存在历史的记载。历史不可能重来。古玉作为某一特定历史时期文明程度的实证，具有不可复制的特性；是中华民族古代文明精、气、神的载体；是人类文明的足印……谁曾想到，令不谙人事，不知柴、米、油、盐价的许老先生郁郁寡欢、耿耿于怀的竟然是古玉的流失和沉埋！

认识、欣赏、鉴别、收藏古玉，这一路，是许老先生带着我一同走过。许老先生这位安南华侨、珠宝世家的后人，为什么大学毕业后便中断学业的深造，来到鏖战中的中国大陆落地生根、开枝散叶?这个不解之谜，在"阶级斗争天天讲"的年代，未能阻止我追随许老先生保护、收藏古玉并结成忘年之交；也没有妨碍许老先生将爱女下嫁于我……一切都缘于古玉。美满的今天，我感恩！

在我的人生旅途中，为我所仰止的还有周南泉先生。

周南泉先生是中国古玉鉴定专家。对周先生我仰慕已久，明知难望其牛背神光，但是，未得及门，无缘聆听其教诲，终是憾事。一个偶然的机会，天作之合，令我不仅如愿以偿，得遇周南泉先生，并且正式拜他为师。这是我人生一大幸事。上苍如此眷顾于我，我能不感恩吗?

如果说，我的岳父大人为我鉴赏、收藏古玉打下了童子功的话，那么，周南泉先生更是点石成金，使我捷足长进。他的系统理论为我固本强基，使我更上一层楼，眼界为之大开；独家秘传的鉴古经验，经过系统理论的提纯，金线穿珠，更是熠熠生辉。历代先人积累流传下来的宝贵经验，因为得遇恩师周南泉先生而将提升为理论，仰昌时雨之化，我必须感恩。

抱道真儒，岳父大人已骑鹤西去，他老人家的未了心愿，薪火相传我续薪。"孟尝廉洁，克俾合浦还珠"；私人藏玉得以正式结集出版，皆因欣逢盛世。一个跨世纪的梦想，仰仗恩师周南泉先生的鼎力玉成，终于成真。《裕福轩藏玉选》即将付梓，感激之情充盈于我的心头。今天的我，除了感恩，还是感恩！

2004年8月

裕福轩藏玉选·序〔二〕

中 国 古 玉 概 论

周南泉

一、玉器的起源

在距今数百万年至10000年前，考古学上称为旧石器时代。这一时期，人类开始制造和使用工具。当时的生产工具以打制石器为主要特征，而人类的体质仍具有原始的特征。在中国，迄今所知的最早人类是云南省元谋地区发现的"元谋人"头骨化石。据报告，该人类化石距今有400万年左右。此后，在中国大地上又先后出现多处原始人，所知重要的有蓝田人、北京人、山顶洞人等。值得注意的是，旧石器时代的古人类，虽也发现他们有佩饰的器物，但用玉料制作、专供人类使用或佩饰的遗物极罕见。

大约在距今10000年前，中国许多地区进入新石器时代。这一时期的基本特征是能制造磨制的石器，出现了农业、畜牧业，发明了实用陶器、纺织品等，人类从依赖天然赏赐过渡到生产经济阶段。此时，随着磨制石器的生产发展，便出现用同样方式制造，唯所用质料较坚硬、色泽较美丽的石料生产的工具和佩饰物。这种用"石之美"者制作的物器，就是中国最早的玉器。迄今所知，中国早期玉器最少距今已有七八千年的历史，也就是说，中国有玉器的制作和使用，早在新石器时代的早期就已开始。

中国的新石器时代，一般来说还未出现国家机器和职能，按社会分期属原始社会晚期。新石器时代的人类，由于种种原因的限制，其活动一般以较独立的自然环境为基础而展开，故其活动范围有一定的局限性，其范围也不大。有鉴于此，就一定范围而言，则往往形成共同的遗存。这种同属于一个时代，分布于共同地区，并且具有共同特征的一群遗存，考古学上称为某某"文化"，如红山文化、大汶口文化、龙山文化、良渚文化等。

中国新石器时代，迄今所知，已发现有数十种文化。但有玉器出现的文化，为数则只有十余种。其中主要的有处于辽河流域的查海文化和红山文化，处于黄河流域的仰韶文化、大汶口文化、龙山文化和齐家文化等；处于长江流域的有大溪文化、屈家岭文化、石家河文化、北阴阳营文化、凌家滩文化、潜山文化(又称薛家岗文化)、河姆渡文化、马家浜文化、崧泽文化、良渚文化等，处于澜沧江流域的卡若文化，处于珠江流域的石峡文化。此外，有些地区的新石器时代遗址和墓葬，亦偶尔发现玉器，但鉴于它还未正式命名为某文化，或只是十分分散和为数不多，故大凡此处遗存均用新石器时代或新石器时代早、中、晚期表示其年代。同一地区或不同地区的不同文化，其年代有先后之分，亦有的年代接近或上下交错。总体上说，新石器时代各文化的年代约在距今10000年至4000年之间。

中国玉器，自新石器时代开始，连绵不断，历经不衰，一直延续至今，上下有近万年历史。

二、玉的定义

关于什么是玉的问题，从古至今尚无统一概念，迄今所知最少有三种说法。一是"传统说"，即以孔子和东汉许慎为代表所称的，凡"石之美"有"德"(即美的条件)者即为玉；二是近一二个世纪以来，以西方学说相传，后又被中国许多人所接受的"西来说"，认为中国玉只有"软玉"和"硬玉"两种；三是所谓"广义"玉料说，认为"凡可作工艺美术品的珍贵石料均可称为玉"。

持第一种说法的主要依据是孔子和许慎所述玉有"十一德"和"五德"(即玉的条件)的经典内容，其中孔子所述玉有"十一德"的原文称："敢问君子，贵玉而贱珉者何也？为玉之寡，而珉之多与？"孔子曰："……夫昔者君子比德于玉焉，温润而泽，仁也；缜密而栗，知也；廉而不刿，义也；垂之如坠，礼也；叩之其声清越以长，其终诎然，乐也；瑕不掩瑜，瑜不掩瑕，忠也；孚尹旁达，信也；气如白虹，天也；精神见于山川，地也；圭璋特达，德也；天下莫不贵者，道也。"(见《礼记，聘义》)东汉许慎在《说文》一书中称玉有"五德"谓："玉，石之美，有五德者：润泽以温，仁之方也；鰓理自外可以知中，义之方也；其声舒扬，传以远闻，智之方也；不挠而折，勇之方也；锐廉而不忮，洁之方也。"

按上述两人所称有关玉的条件"德"看，知古人称为玉者，有如下几个特征：1. 必须是产于山川的"美石"，而非人为的物质；2. 其质地要温润光泽；3. 有一定的硬度，这种硬度从质感看就是"缜密而栗"，佩带时有下坠感，能排列成有秩序的队列，叩之其声清越舒扬，至很远的地方都能听到；4. 色泽相对来说比较纯，并有一定的透明度，"瑕不掩瑜，瑜不掩瑕"，"鰓理自外可以知中"；5. 若用手抚摸，其手感是"廉而不刿"，"不挠而折"，"锐廉而不忮"；6. "天下莫不贵"，即质料珍稀而无人不喜欢，人称"黄金有价玉无价"即由此而来。值得注意的是上述诸条件中，最不具体的是有关玉料硬度、比重和颜色三个条件。它们也是古今以来有关玉的定义的最重要而又难解点。这些条件，尽管上述二人未明确表示，但其他古文献中有所表示，也有一定标准，关于玉的硬度，先秦的《诗·淇奥》就有所谓玉器制造要"如琢如磨，如切如磋"的记载；《礼记·学记》则有所谓"玉不琢，不成器"之语。也就是说，玉器制造，不能像对待石或竹木那样可以用刀具等雕刻而成，而要用比竹木和青铜或铁等更具硬度的砂(又称"解玉砂")一点一滴地切、磋、琢、磨而成。检验软硬不同的竹、木或金属中的青铜，一般为摩氏硬度计的4至5度左右，而铁乃至后来的钢则在5至6度间。这就是说，随着生产力的发展，由原始社会的竹、木及至青铜器时代的青铜和铁器时代的铁或钢等工具雕不动的"石之美"者即可视为玉。此意按现在的说法就是不同历史时期，其石料硬度只要达到4.5至6.5度之间就可视为玉。可见玉的硬度标准，古人已间接地告诉了我们，而并非是泛指。

关于玉的比重，古人也说得很具体，如《周礼》郑注称："卑者不尊以轻重为差，玉多则重，石多则轻。"贾疏亦云："玉方寸，重七两，石方寸，重六两。"从这两条材料看，古人对玉与石之间的比重关系是玉重石轻，其比例是同样"一方寸"的玉或石，玉重七两，石重六两。这些比重关系，虽没有现在那么严格、科学，但也指出了它的实质，即玉比石料重。

关于玉的颜色，古籍常有所谓"玉有五色"之说。这五种颜色指的是白、青、碧、黄、黑(墨)五色。还必须指出，一块玉料中只能有五色中的一种。一块玉上有五色以外的其他色，或"美石"的色是红、蓝等非五色中的颜色，在古人看来是不能称为玉的。

上述关于玉的说法，从古代至清代，一直沿用，故此种玉之定义称为"传统说"。其说概括起来就是：中国称为玉者，是珍贵的天然矿石的一种，其表面(或做成的器表)要有一定的温润、光泽和半透明的质感；硬度在摩氏矿石硬度计的4.5度至6.5度之间；比重较一般石料的比重大，且有一定的韧性；其色表现在一块玉材上分别是较单纯的，即仅有白、青、碧、黄、黑五色中的一种，而不是两种以上或五色以外的其他色；玉材料折断后，手摸断口时不会割划伤手；做成器后击之，其声清越且很远还可听见；其价比之常物贵等。这些条件是玉的统一条件，互补互成，缺一不可。

对中国古玉所下定义的第二种说法，即前述中国古玉只有"软玉"和"硬玉"两种的"西来说"，是20世纪七八十年代，西方人将输入(包括掠夺)到西方的"帝王玉"(即明清皇宫的玉器)经化验后得出的结论。按此说，所谓的"软玉"是指新疆一带的透闪石——阳起石，即古代所称的昆仑玉、葱岭玉或于阗玉，明清时所称的和阗(田)玉。所谓"硬玉"即中国人通常所称的翡翠。此说很不准确和科学。首先中国玉器生产最少已有七八千年历史，产地也遍及全国各地(见下文)，计有数十种之多，仅把明清两代玉器用料的数百年历史替代近万年玉器史，最少它是以点代面，是割断历史的。其次，中国人称之为翡翠者自宋至今已有专名，而且往往在一块料上有两种以上的色泽，虽很硬和珍贵，但它自出现始就不被人称为玉，而特名为翡翠。而且，这种材料今已不产在中国，把外国材料当成中国玉料的一种也是不妥的。再者，中国新疆和田一带，即昆仑山出产的透闪石——阳起石，是迄今所知中国玉料中最坚硬者，达6.5度。故就硬度而言，它可称得上是中国真正的"硬玉"。西方人把中国人古今以来不称为玉的翡翠称为"硬玉"，而把中国最硬的玉称之为"软玉"，这也是定名中概念的错误，会使人误会这种最坚硬的昆仑玉是较次的"软"玉。可见，不能将上述"西来说"当成中国玉的定义加以确认。

至于第三种说法，即"凡可作工艺美术品的珍贵石料均可称为玉"之说，是最近数十年来，一些地质工作者和玉器生产厂家所下的定义。人们知道，可作工艺美术品的珍贵美石很多，它包括众多的砚石和观赏石。这些石料加起来，少说也有数百种，而且其种类还不断在增加。这些石料与上述传统定为玉的性质比较，有如下几点明显差别：

一是这些石料硬度很不一致，有的石料确很珍贵，如田黄和鸡血石等，但硬度很低，约在2至3度间，用较硬的竹、木和青铜等工具均可直接雕刻，谈不上要用"如琢如磨"法去制作。有的如翡翠和水晶、玛瑙等，硬度很高，达7度，比中国最坚硬的昆仑玉还硬。这些情况说明把它们都称为玉是违反古玉基本定义和常识的。

二是这些石料中，有许多是颜色很丰富的，如翡翠、玛瑙、青金石等，往往在一块材料上可见数种颜色。这些材料不仅色泽不纯，而且有些材料如绿松石、青金石、玛瑙、鸡血石、金星石、菊花石等，往往有五色以外的其他颜色，如红、蓝、金黄、绿和紫红等。这些颜色，都在"五色"之外，在玉料上出现是不正常的。故自古以来被审玉者称其为色不正、质不纯，违反玉定义的基本条件而不被称为玉。

三是这些石料，有许多在中国人习惯称谓中均有专门的名称。许多古玉和宝石论者也是把它们列在玉之外分述的。在一些经典著作(如《天工开物》等书)中，就明确指出其"非玉"。

四是可制作工艺美术品的石料很多，如一些粗石、次石若能看料取材，巧夺天工，也能做出精美艺术品，可以说凡天然石料皆可制作工艺美术品。那么，玉与石的界限在哪里？可见，这些说法，是有条件的，但是实质是无条件的，似乎所有的石料都可视为玉料了。

据上述分析，把可制作工艺美术品的石料称为玉之说很不科学，亦不可取。

总之，中国自古以来有关玉的定义，"传统说"是全面、科学和正确的，而上述第二和第三说或不全面，或不科学，不取为宜。

三、玉的品种和产地

在中国被视为玉者，如前所述是有条件的，即它既不是西方人所说只有翡翠和新疆昆仑玉两种，也不是近之部分中国人所说把玉的范围无限扩大。那么按传统定义所称的玉，有哪些品种呢？其产地又在何处呢？

按古人有关玉的传统定义，结合最近几十年的考古发掘调查和地矿工作者提供的资料证实，中国可定为玉的"美石"有如下几类。

(一) 蛇纹石类

蛇纹石类玉料主要由蛇纹石(Serpentine)矿物组成，其化学式为$Mg_3[Si_2O_5](OH)_4$，是一种含水的镁硅酸盐。蛇纹石成分中常含有铁，有的含有锰、铝、镍、钴、铬等金属元素杂质。由于有这些元素杂质混入，故往往蛇纹石五色皆备。但不论有何种物质混入，蛇纹石是主体，通常含85%以上，甚至几乎全部由蛇纹石组成。此类石，大多含有少量的方解石、透闪石、绿泥石。若含有透闪石，则它的硬度增加。就蛇纹石而言，其硬度一般在3至5度之间，质温润，半透明状，比重在2.44至2.62之间。

中国蛇纹石的产地和品种很多，仅从发掘出土的新石器时代玉器质料看，它在红山文化、大汶口文化、龙山文化、良渚文化、凌家滩文化、石家河文化等都有发现。据现今地质工作者调查，至今仍在作器行销的岫玉(蛇纹石)主要有如下几种。

一是辽宁省产蛇纹石。这种玉料是因产于辽宁省岫岩县一带，故又名岫岩玉。矿石以蛇纹石为主，有时含有透闪石、滑石、菱镁矿、白云石、透辉石。颜色以淡绿色为主，也有深绿、碧色和黄色者。多为半透明，有油脂光泽感，硬度4.5至5.5度，比重2.58至2.6。这种玉石原料很丰富，从考古发掘情况看，早在新石器时代的早期就用它作器。此后延续不断，直至今日仍有大量生产和作器行销国内外。

二是酒泉岫玉。酒泉岫玉又名酒泉玉，因产在甘肃祁连山地区，又称祁连玉或祁连山玉。酒泉岫玉是一种含有黑色斑点或不规则黑色团块的暗绿色岫玉。酒泉岫玉的开采史已很久，据笔者观察，在陕西省神木县石峁龙山文化遗址出土的一批玉器中，有许多就是用该地玉料制作。此后亦或多或少有所见，但数量不多。现在，市面上行销的暗绿色、半透明、有黑斑的酒杯等器皿即用此料制作。商家美其名曰"夜光杯"。

三是南方岫玉。南方岫玉亦称南方玉，产自广东省信宜县泗流乡。据称，该玉矿产于透闪石化和蛇纹石化白云岩中，玉质细腻，呈黄绿色至深绿色，与前述辽宁岫玉和酒泉岫玉颜色有别，用其制作工艺品中的树叶等玉件尤为逼真。至今尚未见有古玉器是用南方岫玉制作的，但也不能排除古时曾用它作器。

虽未见有用南方岫玉制作的古代玉器，对其早期开采史不详，但据说在民国初年曾有过开采利用。1964年，由现任海南省地质矿产局局长蔡瑾先生等一些地质工作者重新发现后至今一直开采作器。据告知，从1976年至1985年共开采上万吨。最近几年，政府采取限量开采，矿产只有500吨左右。

尽管此处玉料开采史不详，但也有史书对广东等地产玉有过记述，如《本草宏景》就有"日南"产玉之记载。这里所说的"日南"玉，很可能就是此处所产。

四是昆仑山岫玉。昆仑岫玉产自新疆的昆仑山，鉴于其质地与通常所称的新疆和田等地产玉(见下文)不同，而名昆仑岫玉，亦称昆仑玉。昆仑岫玉，是近年才发现和利用的。它以暗绿色为主，有的也呈淡绿、淡黄、黄绿和灰、白等色，有的绿色中还伴有褐红、橘黄及黄、白、黑等色。该玉料质地较细腻，有油脂光泽，硬度4.5至4.8，比重2.603，几乎全由蛇纹石矿物组成。其化学成分与辽宁岫玉基本相似，产在昆仑山和阿满金山白云石大理岩或白云质大理岩与闪长岩侵入体的接触带上。昆仑岫玉虽为近年新发现，迄今亦未闻曾有昆仑岫玉作品之物证，但这也不能排除在此以前或古代曾用它制作玉器的可能。

五为甘肃武山岫玉。此玉料因出产于甘肃省武山的鸳鸯镇，故又名鸳鸯玉。所产鸳鸯玉，根据其颜色、花纹、结构等综合情况看，可将其分为块状、条纹状、花斑状等五种。武山岫玉的生产史目前尚不清楚，待考。

六为四川会理岫玉。四川会理岫玉为四川会理华力西期超基性岩经蛇纹石化而成，又称会理玉。会理玉，质细腻，外观似碧，呈暗绿色。

七为广西陆川岫玉。这种玉，亦称陆川玉，产于广西壮族自治区陆川县混合花岗岩与寒武纪地层接触带的石英片岩、辉石橄榄岩中。玉矿体呈透镜体状，按其主要矿物成分，可将它分为两种：一为蛇纹石玉，其主要矿体为蛇纹石，呈翠绿、深绿带浅白色，显油脂光泽，微透明至半透明，致密块状；二为透闪石玉，其主要矿物为透闪石，玉料呈青白、白色，有丝绢光泽，微透明，质地较粗，品质不如蛇纹石玉细腻。

八为弋阳岫玉。主要分布于江西省弋阳樟树墩，由超基性岩中的橄榄石、辉石经蛇纹石化而成，色泽艳丽，今已制作玉雕品问世，常作香炉一类实用品。

九为日照岫玉。产地主要分布于山东省日照县大山梭罗树，故又称罗树玉。此石由侵入于早元古代胶南群中的橄榄岩经热液蚀变而成。玉料黑中带绿，硬度3度以上。

十为安绿岫玉。又名安绿玉，因产于吉林省集安市绿水河而得名。此玉料从上至下分两层，一为蛇纹石化大理岩，为蛇纹石岩的底板；二为蛇纹岩，呈层状、透镜体状，呈深绿、浅绿、墨绿、黄绿、苹果绿等色，主要由蛇纹石、胶蛇纹石、叶蛇纹石组成。安绿岫玉色彩鲜艳，微透明至半透明，质纯，细腻，光洁，已开采并制作艺术品行销国内外。

十一为莱阳岫玉。主要产于山东省莱阳县的姜疃，故又名姜疃玉，又名凤山玉。玉石矿体呈脉状、扁豆状，由大理岩经蛇纹石化而成。玉料呈乳白或淡绿色，显油脂光泽，主要由95%以上的蛇纹石组成，并含有叶蛇纹石，质地温润、细腻，为蛇纹岩岫玉的优良品种之一。

十二为京黄岫玉。亦称京黄玉，产自北京市十三陵区老君堂，玉质细腻，呈黄色或淡黄色，优质者呈美丽的柠檬黄色，蕴藏于燕山期花岗岩与镁质碳酸盐岩接触带蛇纹石化白云质大理岩中。京黄岫玉的早期开采史未见记述，近几十年来才发现并已制作艺术品行市。

十三为天长岫玉。产于安徽省天长县与江苏省六合县交界处的花岗闪长岩与晚震旦世白云岩接触带的矽卡岩型铁硼矿床中。玉石矿体(蛇纹岩体)呈透镜体状，产于蛇纹石化白云岩中，并与铁硼矿体密切共生。玉石有黄、淡黄绿、浅黄、灰白，甚为艳丽，常呈斑杂状、条带状或团块状，或彼此杂集在一起，或与白云岩、磁铁矿等构成带状构造。由于含有铁、硼等，故有玉料亦呈暗灰、灰黑、黑褐等色。天长岫玉具油脂光泽，齿状断口，硬度4度。玉石的矿物成分主要为蛇纹石，其次为硼镁铁矿、磁铁矿、硼镁石、叶绿泥石、滑石等。唯此玉料性脆，但其质优者可作美术品，质次者可作建筑材料。

十四为台湾岫玉。亦称"台湾玉"，产自台湾省花莲县寿丰乡丰田石棉矿山。据称，该地区早在日本占领时期已开采石棉，但一直未闻发现玉矿。1963年，当地人上山割藤和采花时偶然发现，1964年才开始用台湾岫玉制作工艺品在台湾珠宝店出售。当时由于此玉不甚出名和未被了解，故一些不知实情的人，还以为它来自中国大陆地区。此玉料主要由蛇纹石组成，同时含有少量的铬铁矿、铬尖晶石、磁铁矿、石榴石、绿泥石等。由于有上述杂质矿物的出现，故玉料具有黑点或黑色条纹。玉质细腻，半透明，油脂光泽，硬度5.6度，比重3.007，通常为草绿色、暗绿色。玉料中，一级品制作首饰，二级品制作人物等玉器，三级品同珊瑚、大理岩等作玉屏等工艺品。据台湾考古工作者证实，该玉料在卑南文化时期已用其制作玉器。

十五为蓝田岫玉。古称蓝田玉，因产于陕西省蓝田县而得名。蓝田玉，自秦汉始就很有名，古之《汉书·地理志》、《名医别录》、《京兆记》、《西京赋》、《西都赋》、《蓝田县文徽录》、《陕西地理沿革》等书均有其地产玉的记载。但有的古籍，主要是宋以后古籍，亦有否定该地产玉之说。如《本草图经》称："今蓝田未闻产玉。"明宋应星在其著《天工开物》一书中亦称："所谓蓝田，即葱岭出玉别名，而后世误以为西安之蓝田也。"为此，有关蓝田产玉有无之说，在20世纪70年代以前，一直是争论不休的问题之一。

1978年11月23日，《人民日报》报道称，陕西地质工作者在蓝田发现了"蛇纹石化大理岩"玉矿，接着便有蓝田玉料作器行销国内外的消息。1982年，中国地质博物馆也首次展出了矿石标本，从而引起了人们的极大注意。鉴于有上述报告和标本，笔者曾在古代玉器中寻找用此玉料制作的玉器，结果发现陕西汉武帝陵附近出土的一件大型玉铺首，可能就是用上述玉料制作。又故宫博物院一件玉杯亦可能用此料制作。另据宝玉石专家栾秉璈先生称，其在陕西省宝鸡市博物馆鉴定周代出土玉器时，发现西周墓中出土有一件盖在死者面上的玉器——玉盖面，其玉质也颇似今日之蓝田玉，从而证实了古籍所载蓝田产玉之说是可信的，有的书否认蓝田产玉是错误的。

关于蓝田玉的一些情况，今据地质工作者调查，它产自该县的蓝田山(即五顺山)一带。初步查明，在长约5000米，宽10米至100余米的大理岩带中，局部地段蛇纹石化强烈，形成细腻如脂的白玉、绿翠之彩玉，亦有如漆之黑的墨玉和蜡黄之黄玉。

(二) 闪石类(昆仑山系玉为主)

中国玉料中的第二大类，是产自新疆维吾尔自治区昆仑山一带及其他各处的透闪石——阳起石玉料。此等玉料，古称昆仑玉、葱岭玉、于阗玉、和阗玉、叶尔羌玉等，今一些地矿工作者和西方人称为"软玉"，近又有人称为"真玉"。其实这类玉尽管出产地不同和有种种别名，但就新疆南部一地所产而言，都来源于昆仑山，只是由于地质变化和雨水冲击，致使它扩散到昆仑山之外周围的沙滩、河流和谷地中。为此，此类玉若从地区角度看，可概称为昆仑山玉，或称为闪石类矿物。前述定名"软玉"或"真玉"容易产生误解和错觉，不用为宜。

闪石类矿物中多含有透闪石、阳起石、铁闪石、镁闪石、角闪石、钠闪石等许多分子。而昆仑山所产玉料，主要由透闪石、偶有少量的阳起石组成，有的也有透辉石等其他矿物杂质。透闪石原无色，化学式为$Ca_2Mg_5[Si_4O_{11}](OH)_2$。其纯者，化学成分中不含铁或含铁量很少，若成分中含铁量4%，则过渡为阳起石。阳起石因含铁而呈绿色或暗绿色，当成分中含有其他杂质时，则又会呈现更为复杂的色调，这就是昆仑山玉五色俱全的原因。昆仑山玉为摩氏硬度6至6.5度，比重2.90至3.02，折光率为1.599至1.640(平均1.62)，半透明，质温润，光洁如脂，且具韧性。颜色有白、青、碧、黄和墨五色。其成因与镁质大理岩和中酸性岩浆侵入两者发生交代作用有关。

昆仑山玉料除昆仑山上有大量蕴藏外，因地质变化原因，在其周围和附近地带也有分布，即在东起且末，西至塔什库尔干长达1200公里的昆仑山麓和各条河流河床中都有发现，主要的矿区有如下数处。

一是莎车——塔什库尔干矿区，所产以青玉为主，分布在叶尔羌河、密尔岱山和玛尔瑚普克山一带。据载，今北京故宫博物院藏重达万斤的"大禹治水图玉山"即用密尔塔山玉制作。

二是和田——于田矿区。所产以白玉、青玉和青白玉为主，主要矿区有四处，即皮山县两处、和田一处，于田县阿拉玛斯一处。其实，所谓四处并不是局限在一点上，而是其地山岭河谷和沙滩中。如和田一处，产玉地就有玉龙喀什河、喀拉喀什河等。

三是且末矿区。且末矿区目前所知有三处，矿体呈不规则团块状，也有呈条带状和脉状者，色种有白玉、青玉和青白玉。

新疆透闪石——阳起石类玉料，除上述昆仑山系出产外，其他地方也有性质相似的玉料出产。主要有两处，一是天山地区，一是阿尔金山地区。

天山地区所产以碧色玉为主，因产于玛纳斯县境内，故又名玛纳斯碧玉。目前已知玛纳斯矿区有五处，其组成矿物属于透闪石——阳起石系列。天山地区碧玉虽性质与昆仑山玉相似，但其成因是完全不同的。玛纳斯碧玉的开采史已很久，从考古发掘资料看，战国至两汉玉器中就有大量作品是该处所产碧玉。1985年春，在玛纳斯县城亦发现古代的玉作坊和许多玉料遗物，证实古代在该地曾有制作玉器的场所。

阿尔金山地区玉，又名"金山玉"。该地除产少量青玉外，主要的亦是碧玉，其性质与上述玛纳斯碧玉十分相似。矿体产于超基性岩体中，主要由含铁的透闪石矿物组成，成矿时代在华力西期。

中国的透闪石——阳起石一类玉料，以往人们都认为只有新疆有产。最近几十年，随着地质工作者的努力，又在新疆以外的地区发现四处近似的玉矿，从而开始了在中国大地上寻找优质透闪石——阳起石矿的新纪元，亦提出了中国古玉料来源的许多新课题。下面试就这四处玉料分述之。

一处是在甘肃的发现。关于甘肃有近似新疆昆仑山系玉的文字记述,早年曾见于日本滨田耕作著、胡肇椿译于1936年出版的《古玉概说》一书。该书称:"一八八一年,俄国地质学者又于其(即昆仑山)东之甘肃、青海与南山之间发现淡绿、乳白、琉黄色之软玉。"但此说当时只有文字记载而无实物为证,并未引起人们的注意。

1991年,笔者参加在北京召开的中国宝玉石学术会上,结识了甘肃省地矿局科学研究所高级工程师金松桥先生。金先生称,他曾在甘肃省某一河中采集到一件与新疆昆仑玉相似的矿石,并顺河而上终于找到了玉料的具体蕴藏地。随之金先生将其采集的一块玉料给笔者鉴赏。令人吃惊的是,若不是金先生说明确实采自甘肃省的话,见者会认为它就是新疆地区昆仑产青玉。金先生表示,此玉矿正在勘探之中,因此有关该玉矿的详细情况有待以后见诸科学报告。但不管怎样,甘肃出产有近似新疆昆仑山系玉的事实是千真万确的。

第二处是最近十年在辽宁省宽甸县发现的,其矿石性质为透闪石——阳起石类矿,硬度在6度左右,现已开采,并制作玉器行市。值得一提的是,此类玉料可能在红山文化时期已开始应用,因为笔者在红山文化玉器中已看到用与一般岫玉有别且较坚硬的玉料制作的器物,这类器物以往曾被认为是用新疆昆仑山玉料制作。宽甸县正好在红山文化范围内,现在看来,红山文化先民除主要用岫岩玉做玉器外,亦可能用质地较坚硬的宽甸产透闪石——阳起石作器。若此确为事实,则宽甸玉最晚在红山文化时期已有开采。

第三处是在四川省汶川县发现的。这种近似新疆昆仑山系玉,当地人称为龙溪玉,其质色几与和田玉同。据报告称,该玉石矿体产于四亿年前(志留纪)形成的火山岩中。它的发现,为四川地区寻找其他类似玉提供了地质依据,亦为古代四川大量出土古玉器找到了玉料产地。

第四处是在台湾省东部花莲县寿山乡发现的。矿体形成于古生代——中生代结晶岩与蛇纹岩的接触带中。接触带以透闪石矽卡岩及纤维蛇纹岩为主,伴生有厚1米以下的纺锤状软玉集合体以及横切该集合体的透闪石猫眼石原石细脉。玉料呈暗绿至黄绿色,其中优质者为半透明块体,硬度6.5度,比重3.007至3.014。玉料的成因是在蛇纹石化初期的矽卡岩化之后,热水溶液交代蛇纹岩而成。组成软玉的矿物是透闪石。

上述台湾产玉,当地又称"台湾翠",据称蕴藏量相当丰富,约有10万吨。它比之前面介绍的台湾岫玉质优而坚硬。

(三)独山玉、密玉及其他

中国玉的著名品种除上述两大系列外,尚有独山玉、密玉及其他玉,分述如下。

1. 独山玉

独山玉,出于河南南阳市郊的独山而得名,鉴于它产自南阳地区,故又名南阳玉,国外又有人称为南阳翡翠。

独山玉,是一种斜长岩,即由斜长石(钙长石)矿物组成的岩石,后因地质成矿作用出现蚀变,使原来的白色斜长岩出现一系列蚀变矿物,结果变成了玉。独山玉的蚀变矿物种类相当多,主要的有黝帘石、绿帘石、阳起石、透闪石、透辉石、绢云母、黑云母、金云母、方解石、榍石等。独山玉因含矿物种类和数量的不同,故其表现在某一块玉料上,其化学成分也不同,化学成分的平均数为:SiO_2 43.75%,Al_2O_3 32.60%,CaO 15.82%,MgO 0.83%,Na_2O 0.73%,K_2O 0.51%,FeO 0.49%,Fe_2O_3 0.33%,Cr_2O_3 0.19%,H_2O 0.75%,CO_2 0.28%。

独山玉呈致密块体,已知最大块重达1500公斤,硬度6至6.5度,玻璃光泽,通常不透明,优质者半透明,颜色主要有绿、白、黄三色,杂有紫和其他颜色,但总体看,杂色玉为多,约占50%。

独山玉的开采已有悠久的历史,据李济《殷墟有刃图说》一书称,在殷墟有刃石器444件中就发现7件是用独山玉制作。在河南安阳殷墟"妇好"墓出土玉器中,据报告称,亦有一些是用独山玉制作，甚至有人已验证，在南阳黄山出土的一件距今有六千多年的新石器时代玉铲也是独山玉。有关南阳产玉的文献记述较晚，一般认为汉代才出现。此外，在今独山东南山脚下，有汉代"玉街寺"旧址，相传就是汉代独山玉作器和销售玉器的地方。又今北京市团城"玉瓮亭"内存放的元代至正六年(1346年)制作的"渎山大玉海"也是用独山玉制作。可见用独山玉作器，早在新石器时代中期已开始，后连续不断，并成为中国重要的玉料产地，直至今日，用独山玉制作的器物仍行销国内外。

2. 密玉

密玉，因产于河南省的密县而得名。密玉是石英岩类矿物，产于震旦系马鞍山组石英岩的后期热液裂隙交代而形成的矿床。主要的颜色有浅绿、翠绿、豆绿、黑、乳白等，矿物成分主要为石英，达95%到99%，其他成分尚有硅质绢云母、锆英石、电气石、金红石、磷灰石、金属矿物、燧石等，化学成分的平均数是 SiO_2 98%，Al_2O_3 0.22%，Fe_2O_3 0.43%，MgO 0.05%，CaO 0.1%，K_2O、Na_2O、TiO_2 微量。硬度7度，比重2.7。

3. 其他玉

中国玉，除以上所述外，据古籍记载，还有四川珉山、灌县以及陕西华山、山西霍山、湖北楚山等产地，唯这些产地目前尚未开采，古籍之记载不知是否可信。

四、玉器的制作

玉料在摩氏矿石硬度计的4至6.5度间，其中即使低硬度者亦比石、竹、木、青铜硬，高硬度者则比铁硬，甚至有的玉料，如新疆和田玉，比钢还硬。因此，玉器的制成，特别是在没有金属工具之前的新石器时代，即使低硬度玉料是用什么工具和方法制成，一直是人们注意和关心的问题，也是今天的文物考古界难以解决的问题之一。这是因为，上述玉料比古代使用的各种工具的用料都坚硬，而古代制作玉器的工具至今仍未发现，有关制作玉器的方法也无详细和系统的记述。明清以来，玉器制作的工具和方法虽有所记载，但它与古代是否相同也受到人们的怀疑。

（一）古籍所载玉器制作方法

关于中国古玉器制作中的许多问题，国内外曾有一些研究和讨论。如在很长一段时间里，西方一些学者曾有中国之琢玉法来自西方之说，其中波西尔(Busne)在《中国美术》一书的论述颇具代表性，书中称："中国玉工所用的器具，皆完备足用，其知此法则甚早，若其起源，似为西方迦勒底及苏西安拿之发明，然后自其地入中国，西及欧洲，南及印度。惟其传播之时确在何时，则代远年湮，莫可考矣。"

国内清代刘心宝《玉纪补》认为："(玉器)古惟刀刻，近代乃有旋车。"《玉谱类编》则称："汉以前纯系刀工，六朝始用旋车。"两书中记述用刀刻和旋车制作玉器的时间上虽有所差异，即一个较含糊，一个较具体，但都把中国制作玉器分为两个阶段，即前期是刀刻，后来才有旋车则是一致的。

此外尚有其他一些说法。真实情况如何呢？这里有必要作进一步的探讨。首先我们看看古代有关玉器制作的工具和方法中一些很不具体的只言片语记载。

《说文》："理，治玉也。"又称："琢，治玉也。""雕，治玉也。"

《毛诗》："它山之石，可以攻玉。"

《诗·韦风·淇奥》在比喻人才培养需要精心教育时，用制作玉器法来比较："有匪君子，如切如磋，如琢如磨！"

《太仓州志》："凡玉器类，沙碾，五十年前，州人有陆子冈者，用刀雕刻，遂擅绝。"

据上文所引，可知古人有关玉器制作的词语有理、琢、治、追、攻、切、磋、磨、碾、刻、雕等。

《尔雅·释器》："雕，谓之琢。"是知古雕、琢同义。可见古代玉器制作，除去同义词语后，有治、理、切、磋、追、攻、刻、磨、碾诸法。查其原意结合近代手工造玉器情况看，具体来说，所谓切即开料；所谓磋、琢、碾、追是将玉料开切成块或片后，于其上饰花纹及细加工；所谓刻与攻，是同义，即用比玉更坚硬的东西在玉料上直接加工作器的过程；磨是玉器制成后，对器物抛光用语(碾似兼有琢的含义)；治或理，是制作玉器自始至终的总过程。这就是说，制作玉器首先需用"切"(开料)，然后将开好的料细加工，即用磋、琢、碾、追法在其上饰纹图和刻铭文。最后工序是碾磨，使其晶亮莹润。这种制作玉器的方法和全过程从文献上看似最晚在先秦已完备了。

上面诸说大概说出了制作玉器的过程和方法。至于它的详细情况，则在明清时期才有记载。可以较详细地说明问题的主要有如下两条记述。

《天工开物》："凡玉初剖时，冶铁为圆盘，以盆水盛砂，足踏圆盘使转，添砂剖玉，逐忽割断。中国解玉砂，出顺天玉田与真定邢台两邑。其砂非出河中，有泉流出，精粹如面，藉以攻玉，永不耗折。(玉料)即解之后，别施精巧工夫。得镔铁刀者，则为利器也。""凡镂刻绝细处，难施锥刀者，以蟾酥填画而后锲之，物理制服，殆不可晓。"

波西尔著、戴岳译《中国美术》一书载："凡大块玉璞，先用铁锯去皮。其锯直而无齿，两端各有二柄，二人对立曳之，时时把砂浆蘸在锯痕上。玉分开以后，再用附有利刃的圆铁盘装于辘轳的轴端，玉面蘸了砂浆后，放在下面，那么玉就可以照所需的形状切制下来。又其廉阳凸凹处，需各用精粗不同的圆盘来修琢。最后乃用金刚钻穿成小孔，以金丝锯插入，雕成各种空花细纹。玉工所用之器具，除上述旋盘及各种锯、钻、锥之外，尚有管状钻及圆凿等物。管状钻，上古世界各国均有之，但中国人所用的是一个圆铁管，旁有裂口两三个，可以装入金刚砂，以供最后的琢磨。若要玉器发出凝羊脂状的光泽，那么，另用精细的木片或葫芦皮、牛皮蘸珍珠砂的薄浆摩擦之。"这里所说的"盘"，俗称"砣子"或"碢"。

(二) 古玉制作的工具和材料

上述两段引文，把琢磨玉器的开料、成型、雕花、磨光四步法讲得很具体。更为重要的是把所用的工具、材料的种类和名称亦说得很清楚。就工具而言，有铁制的盘，足踏圆盘(又名碢)使转的辘轳式车具，各式镔铁刀锯、钻、锥、金刚钻、凿等。所用材料主要有金刚砂、木片、牛皮、蟾蘸、珍珠砂等。关于上述工具和原料的用法和形状，现据清人李澄渊著并绘图的《玉作图》，参考其他著述分述如下。

1. 旋车，即《天工开物》所述(并绘成图)的"足踏圆盘使转"以制作玉器的主体工具(又称辘轳)。它由如下几个部件及附属物组成。

(1) 桌台，这是一个长方形台板，中间凿有一长方形穿孔，形如今天古式缝纫机的台架，供旋车上的其他附件穿插其间和承置其他工具用。

(2) 木轴，这是一种横在桌台洞口上的圆形木杠。它的一端安装在琢玉器的砣具(圆盘)上，一端安有较细铁棍制成的"尾钉"放在桌台上特制的架子上，用绳子缠绕捆结"尾钉"并与桌台洞口下的踏板相连，足踏踏板使砣具能来回转动。

(3) 踏板，又称蹬板，两个，供两脚足踏用。用时每板一端系绳，两绳连接缠绕在木轴上，两足一上一下踏板，连动系绳使木轴及其一端的砣子转动以琢磨玉器。

(4) 木圈，这是一个罩在木轴一端砣子上的木制圈，以便在砣子转动时阻挡解玉砂和水浆溅出。

(5) 天秤，它是架在旋车上的一根木桩，供琢磨大件玉器时用的器具。用时，一端系玉料，一端系与玉料重量相等的铁块或石块，作平衡用。可自由转动，以省手托玉料之力。

(6) 木盒，即所谓"以盘水盛砂"用的器具(盆)，用时置旋车旁边，内盛水与解玉砂和好的砂浆，供碾磨玉器用。

（7）小铁砧和小铁锤，用时置桌台上，供各种砣子变形时作调整用。

2．除上面旋车及其附属物外，还有许多其他必需用具，主要的有：

（1）锯，时代不同制作材料也不同。近代主要用铁或钢。这是一种供开料和镂空玉器时用的器具。它虽名锯，实则无齿，是靠带动金刚砂摩擦来开玉料和磨玉，形似木工用的锯而名。其形式有两种，一种与今木工所用锯同，但无齿；一种像弓形的钢丝锯，又名拉条，一般作开剖小件玉料和镂空玉器用。

（2）砣，《玉作图》又名碢，即《天工开物》所谓"冶铁为圆盘"者。它是装在桌台木架上的琢玉工具，形如圆盘，边有刃。因玉器制作过程中每件玉器大小形状不同，所作纹饰的粗细、深浅和玉器的内膛大小深浅不同，所用的砣子形式的大小、厚薄也不同，其名称也有所异。如玉材去皮和用于玉器初步成型的砣具名侧砣；形与侧砣相似但较小，专用于小型器物成型的名小侧砣；形如侧砣而中空，若环形圈，圈内横轻厚木板或竹板，再接在木轴上供玉器雕形整理用的名衡砣；形如侧砣，但边缘无锐利刃，供衡砣整理后再进行磨光用者名磨砣；比磨砣小且边缘有锐利刃，供琢磨纹饰图案用者名雕花砣；圆盘部位极小，边缘薄刃如刀，形如圆帽铁钉，供上细花用者名勾砣，俗称"丁子"（这种砣具所接的轴不是木轴，而是铁轴，带动它用的不是一般的绳子，而是铁皮条）；边缘圆浑而无棱，并用紫胶做成边，专供器物表面光亮用的名胶砣；形如胶砣，但边缘不是胶为而是用木做成，供进一步光亮玉器表面用者，名木砣；用葫芦或皮革做成的，供最后抛光用的名葫芦砣或皮砣。总之，所有砣具，是玉器成型、饰纹图、抛光的必用之物。侧砣、小侧砣、衡砣、磨砣、轧砣、勾砣，其本身不能琢磨比它坚硬的玉器，而是用它们带动比玉料更坚硬的解玉砂来琢磨玉器。胶砣、木砣、葫芦砣、皮砣，虽比玉料软，比上述金属砣具还软，但它们共同的特点是具韧性和耐磨。用它磨光玉器时不靠解玉砂，而用本身所具有的坚韧细软来把坚硬的玉器碾磨得光洁莹润。

3．做玉器用的其他工具还有各种钻、搜弓，设计、描绘花纹及修理工具用的刀、尺、钳子、锤子和笔，石榴皮汁、纸、砚等。

钻有两种，一种是装在木轴上供制作器物内膛挖空用的。其大小不一，一般大者呈筒状，边有缺口，供挖大膛用，又名管钻；小者是实心的，前端尖形如锥，供挖小内膛用。一种是与木工用的打孔钻相似，供玉器穿孔用。所有这些钻都要靠解玉砂作介质加水去完成挖膛和打孔。

搜弓，是玉器上作进一步镂空花纹用的。用时，把搜弓的一端解下穿入钻好孔的玉料中，再将搜弓结好，然后蘸解玉砂，沿着花纹的边缘来回拉动，镂空图案制成。石榴皮汁，是专门用来在玉器成品表面上描绘纹饰图案的，所绘纹饰遇水不掉脱（因琢磨玉器图案时须用水搅拌成糊状的解玉砂）。若用墨汁描绘，遇水则脱色，石榴汁描图则无此弊。正如《志雅堂杂抄》所说："凡碾玉描玉，上用石榴皮汁，则见水不脱。"

4．解玉砂，玉料坚硬，一般的金属工具是雕刻不动的，只是用上述各种工具带动解玉砂琢磨切磋方能成器。中国产解玉砂，按颜色和产地分主要有五种。它们用在琢磨玉器时并不是同时使用，而有先后的不同。

（1）红砂，所称红砂者，色赤褐，矿物学上称为石榴子石（Carnet），硬度在摩氏硬度计7度以上。红砂的产地主要在河北省邢台地区，据史料记述，其开采使用最晚在宋代已开始。此等解玉砂主要用作切砣和剖玉，即玉器制造的最初工序上。

（2）黄砂，即明宋应星《天工开物》所载产于"顺天玉田"者是，质为石英。据载，此砂"精粹如面，供剖石取玉时用"。关于此砂的开采和产地情况，《燕山记录》是这样记述的："玉田县有温泉，盛夏之间，暖气如雾，砂随水而出，色白如面（按实白中带黄），磨治金玉，能令光莹，吴下玉工，皆购此砂为用。"

（3）紫砂，即刚玉（Conndum），硬度略小于金刚石。色非纯紫而略带黑色，多呈块状，用时需碾成细粉，俗又称刚玉砂或黑砂，产于河北平山、灵寿两县，用作镂空、挖膛和琢饰玉器纹图用。

（4）白砂，产于河北涞水县，质比上述红砂、紫砂为优，价亦贵，曾因地处帝王陵邑而一度禁采用。

（5）珍珠砂，名虽称珍珠砂，实则系产于云南和西藏的红宝石，研成粉末者，质优价昂，玉器制成后最后磨光用。

除上述五种解玉砂外，尚有《元丰九域志》所载"忻州贡解玉砂"，《元史·百官志》载"大同路采砂"，《金史·地理志》所载"大同府宣宁县产碾玉砂"，《西藏朵述诗》所谓"塔什密里克之西南两日程特别克地方产玉砂"等。此外，也有一些解玉砂来自外国。但必须指出，中国新石器时代各文化区域都发现玉器，大多各具独特风格，似为各文化区域内自作自产。因此中国的解玉砂，绝非上述诸处。笔者还注意到，清乾隆内务府造办处《各作成做活计档》编3598号，记载当时宫中要做一数千斤的"青玉云龙瓮"称："此初副工琢，按常时宝沙，璞石摩制法计之，须二十年乃得。玉人有请用秦中所产钢片，雕镂者试之，殊利捷。自癸未正月，阅六年而成，程工省十之七。"这种秦中所产钢片，据查即山西所产的"火连片"，从字义上看和其特殊功效分析，可能是人工造的物质。若是，则说明中国用人工造的金刚石琢玉，最晚在清乾隆已开始。

5．"它山之石"为何物

中国古代曾有"它山之石，可以攻玉"之说。这种"它山之石"可直接攻玉，说明它比玉料更坚硬，很可能是金刚石。金刚石有载曾用作刻器，硬度达10度，最晚在汉魏时就进入中国。如晋《起居注》载："咸宁三年，敦煌上送金刚，生金中，百淘不消，可以切玉。"郭璞注《山海经·西山经峰山下》亦称："今敦外出金刚石，石而似金，有光彩，可以刻玉。"查中国敦煌未闻产金刚石，可能是传入之地，后人误认为产地。由于金刚石极坚硬，可直接用来制作玉器，而不需用解玉砂磨琢，故中国古书中，把这种工具取名"削玉刀"、"割玉刀"或"切玉刀"等。用其切割玉器，被形容为"切玉如切蜡"或"切玉如切泥"。

金刚石一名出现较晚，而其早期名称可能就是所谓的"它山之石"，或谓"昆吾刀"，或是后来《天工开物》所载"出自西番哈密卫石历石中，训之乃得"的"镔铁刀"。

6．蟾酥虾肪与菊花钢刀

关于用蟾酥虾肪涂于器上能软玉，进而刻玉如刻蜡之说，古籍中每有所载。

《天工开物》："凡刻镂细处，难施锥刀者，以蟾酥填画，而后镂之，物理制服，殆不可晓。"

《珍玩续考》："古玉器有奇特细巧，非人所能雕琢者，多传鬼工所为。予曰：非也，此乃昆吾刀及虾蚕肪(脂也)所刻。按本草云：虾蚕能合玉石。陶隐居亦云：其肪涂玉，则刻之如蜡。但肪不可多得，取肥者挫煎膏以涂玉，亦软滑易琢，惜未尝试耳。"

《摹印传记》："用荸荠数枚，并木通，同玉入水，煮一昼夜，复用明矾三厘，蟾酥三厘，涂刻处，炙干又涂，药尽为止。又法取虾蟆肥者，煎膏涂之，则柔软可刻。"

关于用菊花钢刀刻玉之说则见高濂《燕闲清赏笺》，称："玉心鲁云：刻玉之法，别无药物，烘炙诡异，并引用陶隐居蟾酥、昆吾刀之说，余之所爱，惟用真菊花钢锻而为刀，阔五分、厚三分，刀口平磨，取其平尖锋头为用，将新旧玉章篆文，以木制架钤定，用刀随之镌之。一刀勿入，再锼一刀，多则三锼，玉悄起矣。但勿可以力胜，胜则滑而难刻。运刀以腕，更置砺石于旁，时时磨刀，使锋芒坚利，无不胜力。"

上述诸刻玉法，如蟾虾肪软玉法，可能是化学反应的结果，但仅有所载而未见有人实验，还有待进一步考证。用菊花钢刀刻玉法，出自刻玉妙手王心鲁之口，且钢与玉硬度近似，有的玉料还比它软，若得法，用其刻玉是可信的。

（三）古玉制作程序

备好玉料和各种工具以后，便可进行玉器的制作。那么玉工们是如何利用上述工具和材料，完成玉器制作的呢？其具体的工序和方法又如何呢？这是今天人们要了解的又一问题。

玉器制作时的先后顺序，据清乾隆内务府造办处档案材料看，首先是视不同材料设计图纸，若有大件玉器还得按设计图纸样先做成蜡模或木模。进行正式制作时，一般要经开料、做坯、打膛、做细、做花、光亮和刻铭文等。如当时制作重达万斤的"大禹治水图玉山"，在做之前画得"纸样正、背、左、右，四纸"，继而做成蜡样，后恐蜡样熔化，"故照发到蜡样刻成木样一座"。又如做一件玉碗，当时苏州织造向清宫内务府报告是："做坯六十四工，打钻、叨膛九十一工，做细六十三工，光玉匠四十一工，镌刻年款四字做四工。"这是指做光素无纹碗的情况，若做有纹饰图案或镂雕玉器，显然是要增加工时和工序的。

上述仅是档案记载中的做玉器时的大概情况，至于更详细的记述，则见于清光绪李澄渊亲临其境后所述和描绘的《玉作图》。

1．捣砂及研浆。《玉作图》谓："攻玉器具虽多，大都不能施其器本性之能力，不过助石砂之能力耳。传黑、红、黄石砂，产于直隶获鹿头，云南等亦有之，形似甚碎砟子，必须用橇臼捣碎如米粉，再以极细筛子筛之，然后量其砂的粗细，漂去其浆，将净砂浸水以适用。"据此可知，解玉砂并不是全如《天工开物》所谓"精碎如面"者，有些大块如"碎砟子"者，还要捣碎再筛洗与水搅拌方可适用。用时又视不同工序选用粗细不同之砂。其中"磨光宜研极细腻黄砂，去浆浸水以适用"。所用工具有橇、臼和筛子等。

2．玉料切剖。玉料有大有小，大者往往要切开成小块或片状做几件玉器。小者除随形做器外，一般亦要去皮和剔除余料方可制作器物。因此，就大多数玉料而言，在制作器物之前，都应有这一步，俗称"开玉"。开玉所用器具是没有齿的"拉锯和搜弓"。若大块玉料，还要有一张架玉料的木凳，切割时将玉料夹在木凳上固定，两人拉锯，在拉曳的同时，不断将搅拌好的解玉砂倒在锯痕处，帮助磋磨，所用砂大多是紫砂或黑砂。若玉料重量在二三十斤以上者，则用天秤把玉料吊起来，用大侧砣割切。

3．成做玉器雏形。玉料开好后，便按设计要求进行雏形的加工，它分别用大小侧砣在旋车上利用转动之力带动解玉砂琢磨。

4．雏形的整理。玉器的基本造型制好后，便用冲砣、磨砣等器具对它进一步加工整理，使玉器表面光亮，再用石榴皮汁来描绘纹饰图案。

5．掏膛。一些器皿需要内空以贮物，故得将其体内多余的玉料排除，这一步工序，玉工们称为掏膛。掏膛的第一步是用管钻在膛内打成一个穿而不透的膛孔。所打成之膛孔，因管钻中心所遗的柱形玉料仍留在膛内，须用器具把它折断取出来，然后用大小穿膛锯把内部不平整的部位琢磨清理。

这一道工序为玉器制作较讲究技巧之活计，务必注意方法和顺序。正如《玉作图》所谓："掏膛者，去其中而空之之谓也。凡玉器之宜有空膛者，应先用钢卷筒(按即管钻)以掏其膛。工完，玉(膛内管钻圈内)中心，必留玉挺(即圆形柱)一根，则遂用小锤击铗錾经振截之。此为玉器制作中头等最巧之技也。至若玉器口小而膛宜大者，则再用扁锥头有弯者，就水细石砂以掏其膛。"

6．雕环。有的玉器，如炉、瓶双耳下有活环者，得用特殊方法做成。制作时第一步是打眼(按即穿孔)，然后用弯弓穿眼孔中锯成环形圈，再磨琢即成。

7．雕花。有的玉器需有花纹图案，它的制作是先画花纹，然后按画图用不同形状和大小的砣具琢磨而成。若要透花(又名镂雕)则用雕环法先打眼，后沿纹路用搜弓搜成。

8．抛光。俗称上光。这是玉器制作的最后一道工序。由粗磨至细磨，顺序是先用胶砣，接着用木砣、葫芦砣打磨，最后用牛皮或葫芦皮蘸珍珠砂之类仔细擦拭，使玉质本身湿润而光泽的特性显露出来。

9．琢刻铭文。有的玉器还需刻铭文、诗歌、年号和款式文字。制作时一是用工具直接在玉器上刻划出来，一是用砣具琢磨成，一些镂空铭文，得用雕环或雕花法搜出来。

（四）不同历史时期的琢玉法

旧石器时代，生产力水平极低，人类只有简单的对美的追求，故玉器这类既要求有很复杂的制作技术，又能满足人类较高的美的享受的物质，似还未出现。考古发掘也证实了这种情况。迄今所知，中国发现玉器的最早实物，是距今约7000年前的辽宁兴隆洼文化和浙江余姚河姆渡文化第四层发掘出土的一批玉器。这批玉器之所以被称为玉器，主要是从以下事实为据的：一是这些器物的材料，均够"石之美"，"有五德"的条件；二是都经过玉器制作的基本过程，如开片、钻孔和磨光等；三是有些器物已从实用过渡到纯装饰用。

旧石器时代的石器制作主要手法是打制，而新石器时代的石器制作则有了磨制和钻孔两个比前期先进的生产技术。从磨制石器到磨玉，只有琢磨的材料从用一般砂和石过渡到用比玉更坚硬或相当硬的解玉砂和采用玉材才可以达到。中国解玉砂和玉材种类很多，产地也很普遍，这为磨玉的出现创造了有利的客观条件。

如前述兴隆洼和河姆渡文化距今已有7000年。考古界认为，中国旧石器时代大约距今10000年前已结束。我们看到的兴隆洼和河姆渡文化玉器，其制作需具备相当熟练的制玉技术才可完成，相信当时的玉器制作已经发展了一段时间。因此，推测中国玉器制作是伴随着新石器时代到来而产生的。琢磨如此坚硬的玉料，是用什么工具和方法呢？先秦文献所述和明清史料所载琢玉方法和使用的工具，在新石器时代是否也相同呢？

如前所述，在无金属工具的新石器时代已有玉器制作是事实，唯当时琢玉情况既无文字可查，又无琢玉工具发现，对当时玉器制成方法和工具，我们今天只能从考古资料和玉器实物中去探讨。

早在20世纪30年代，考古工作者就曾在浙江良渚文化地层中发现过一批琢磨玉器的残料，人们推测它是该地有琢玉作坊的实物见证。同样事实在龙山文化中也曾发现。这批残料，有的是制作玉器时用管钻穿孔时留在管钻内的材料，有的是半成品。故宫博物院有一件玉琮，观察发现，玉琮中心孔在钻孔时还未穿透即停工，在未穿透的孔内还留下圆帽形高凸状玉桩，它显然是用管钻穿孔时留下的残痕。又有一件浙江良渚文化遗址出土的玉璧，表面留有直条和圆弧形开料痕。可知，当时开料已有锯和圆盘形的砣具。此外，在一些玉琮和玉璧孔内还留有螺旋形的琢砣痕，在一个墓葬的玉璧上，发现有硬度相当7度的石英砂。这些都说明，在新石器时代，玉器制作已有明清著述中制作玉器时类似的旋车、旋具，磨玉的解玉砂，穿孔的管钻，开料的锯和圆盘形砣子等。新石器时代一些玉器的刻线，其纹理平直，深浅、边距相同，说明是用比它更坚硬的工具直接在玉器表面来回拉动刻划出来的。尽管当时的工具还处于原始阶段，如旋车，可能如纺轮或如制陶的转轮那样是用手摇的，其制作也粗糙。但也足以说明，明清人所描述的琢玉方法和工具，早在六七千年前或更早的新石器时代早期已基本具备。

那么制作这些工具是什么材料呢？经观察，这些工具可能是加工的玉器在最后一道工序，即磨光时使用的，应为竹、木、葫芦、皮革等材料做成。这些材料虽耐磨具韧性，但比金属易磨损，故新石器时代玉器的穿孔往往呈喇叭形，即入口大，接口或出口小，开料的琢痕粗且深。至于饰纹，由于这些材料不能如金属一样，可以锻轧成薄刃琢砣，而可能是用比玉料更坚硬的材料磨成的锥形器，在玉器上直接刻划而成。提出这个问题的明显证据是所刻直线阴纹，其纹路都表现为深浅、边距相等，而不是后来用金属做成砣具，因是圆形，所琢磨的纹路是深浅和边距不等的。至于这些坚硬的材料是什么？推则即古书所谓的"它山之石"。这种"它山之石"可以理解为金刚石，也可以理解为未碎成粉状的解玉石。鉴于金刚石主要产自外国，又有人认为到了汉代才进入中国，远在汉代以前数千年的新石器时代，可能还未传入中国并用来刻玉。而解玉砂多是粉末状，是不可能用它在玉器上直接刻划纹饰的，故上述理解似可排除。需要指出的是，新石器时代的玉料，未见有如新疆软玉那么硬的材料，一般都在4至6度之间。只要选用超过6度的石类就可以直接刻玉器的纹饰。据考古资料分析，在新石器时代，已发现有相当于7度的矿石，如水晶、玛瑙等，若用这些矿物磨成锥状器，刻划玉器上的纹饰是不成问题的。当然，这是一种推理，其真实情况还有待考古发掘来证实。最近上海博物馆的张明华先生发现，在良渚文化墓葬中，常见鲨鱼牙，其硬度在7度，且有韧性，它可能就是当时刻玉器上纹饰的工具。此说很有见解。

金属的应用，是玉器生产向前发展的新一步，并宣告用非金属制作玉器的时代结束。这一步最晚在商代已出现。青铜虽比竹木等坚硬，但比后来的铁和钢的坚硬度低，明显的例子是青铜时代玉器的钻孔虽然较非金属器具钻的较细玉器上饰纹较普遍，但钻孔时形成的喇叭形孔，即漏斗形孔仍明显，唯比石器时代略不明显而已。只有到了铁工具广泛使用的战国到汉代，孔道才会大小相同并出现垂直形的孔。另由于青铜和铁能锻成供开料用的细丝和薄片，因此所见玉料上的开片缝也窄小。如河北省满城发现的西汉中山靖王刘胜墓出土的玉衣，其上开片缝仅0.1厘米，孔径最小者仅0.2厘米，且孔径大小相等。这种工艺效果在新石器时代，乃至青铜器时代是无法达到的。

综上所述，说明中国琢玉是在制作石器的基础上产生的。早在新石器时代，玉器制作就已使用类似旋车的简单器械和锯、钻、砣子等工具以及解玉砂，只是在新石器时代这些用具是非金属的竹、木、皮等制成，而刻纹等工序是用以石攻石的办法。在青铜时代和铁器时代是用青铜或铁及至后来的钢，其制作玉器基本原理和方法是从新石器时代一直沿用至清代，在不同时期所用的玉料硬度是由低到高发展。这就是说，中国玉器制作的工具和原理是古今相传的，前述中国制作玉器"西来"说，或一个时期用刀、一个时期用旋车之说，都有问题。

古代制作玉器的地方，是随着时代的不同而变化的。考古材料说明，就新石器时代而言，在今太湖周围及长江下游诸新石器文化区域，在今长江中游的湖北、四川诸文化区，在今黄河中下游及辽河流域诸文化区，都有制作玉器的地方。进入阶级社会以后，凡古都所在地，如夏商的河南安阳，西周的陕西，春秋战国间的各诸侯国，秦汉的西安、洛阳，唐代至明代都城西安、杭州、开封、北京，都是琢玉中心。清代琢玉地区主要集中在北京、苏州、扬州。另在天津、广州、新疆、西藏也有琢玉业。

五、琢玉技艺的不断进步

玉器制作技艺有开片、立雕、凸雕(又称浮雕)、镂雕(又称透雕)、套环、钻孔、立体器皿制作和刻花、刻铭文等。就具体一项技法而言，并不是一开始就有的，均有始创、发展与演变过程。

从最早的玉器看，它一出现就有了开料、钻孔和磨光的技术。新石器时代中晚期已开始出现立雕、镂雕、琢刻阴线纹和剔地阳纹，但大多玉器是片状和圆、扁物。商代开始有立体的实用器皿制作，并有刻琢铭文的器物出现。商代开始，在镂雕基础上又产生发展了活环套链的技法，其中如湖北发现的战国时期曾侯乙墓出土的两件玉器尤为精美。汉代开始出现把多件玉器片拼缀成一件大器，著名的金缕玉衣即为其例。宋代开始，在镂雕基础上又开创了多层和立体镂雕的技法，元代能造重达数千斤的大型玉雕，今团城玉瓮即为一例。至清中期，大至万斤重的玉山，小至玲珑剔透的玩佩均能制作。中国琢玉技术在继承传统的基础上得到了空前的全面发展，达到中国玉器制作史上的最高峰。

玉器制作技术上常有所谓"巧作"一词。这里有两种意思，一是"因材或因料施艺"，即看材料之大小、形状之不同，巧妙地设计出一件和两件以上器物，达到既不浪费原材料，又能使各种器物恰到好处和惟妙惟肖；另一种是"因色设物"，即用玉料本身的杂色，包括它们的瑕疵，设计出一件色形俱美之物。这些巧作之器常被称为"巧夺天工"之作。

因材料施艺之法，在新石器时代已见，如红山文化出现的玉兽，其形制大小不等，大多就是随玉石大小形状设计的。巧色，又称俏色，可据其色泽的不同，设计出妙趣横生的器物。从出土物看，最晚在殷商时已开始。如商墓出土的玉鳖，利用玉之黑色琢为背，白色琢为腹，便是这类作品的代表作。

巧作玉器历代不断，不少著述皆有述及。

明高濂《燕闲清赏笺》："六寸高宣帝玉像，取黑处一片为发，且自额起而至身，衣纯白无一点杂色。"

"子母猫，长九寸，白玉为母，身负六子，有黄黑如玳瑁者，有纯黑者，有黑白杂者，有黄者。因玉玷污，取为形体，板附眠抱，诸态妙用，种种佳绝。"

"黑玉大块，全身地子，灵芝俱黑，而双螭腾云卷水皆白玉。"

"尺高张仙，其玉绺处，布为衣褶如画。"

谢坤《金玉硝碎》载："牧童骑牛，牛纯青，童纯白，草笠微黄。"

"二蝶一瓜，瓜青色，蝶一青一白，白色蝶间于青蝶之中。"

"二荸荠，玉色黝黑，旁贴落花生一枚，苍黄色，其皮肖极。"

"玉兰花一枚，白色玉，花蒂焦黄，如生花。花瓣上歇一黑牵牛，黑色固然，而头有节，翅有白斑，纹理不乱，可谓奇而奇矣。"

另在各地传世遗存玉器中，亦见有巧色绝品，如今北京市北海团城"渎山大玉海"，黑色玉有白斑，外表高低不平，制作者利用黑斑琢为黑兽的鳞甲，白斑饰作浪花水泡，低处磨为海水漩涡，高处或作凸起的兽身龙躯，或作海浪高峰，把这件大型玉雕巧妙地磨琢得神奇绝妙。

故宫博物院藏一件重达数千斤的"秋山行旅图玉山"，系清乾隆时期作品。玉料为山产，石性较强，通体满布绺纹，制作者精妙地利用夹在玉块中的黄色石性琢为秋天山林景色，绺纹饰为崇山峻岭和悬崖峭壁，把一件品质较次的玉料，琢制成一件珍贵的艺术品。

上述诸例，足以说明玉器的巧作在琢玉中的重要地位，对今天玉器的制作，无疑会有重要的参考价值。

六、新石器时代诸文化玉器

（一）新石器时代有玉器发现的文化和地区

就今中国广大地区而言，在新石器时代是处于原始社会的后期，尚未形成一个统一的国家。尽管如此，但就某一地区而言，往往有一个各方面情况基本相似的文化内涵在起主导作用，有的还有一个部落首领或头人在统治着或统领着某一文化的人群。这一部分人群组成的社会，考古学上称为某种文化。

迄今所知，在中国新石器时代可定名为某一文化者，已有数十个，但发现有玉器遗存者，只有十余个。其文化区域主要集中在如下几个地区：即处于东北地区辽河流域的查海文化或兴隆洼文化、新乐文化和红山文化等；处于黄河流域的仰韶文化、大汶口文化、龙山文化、陶寺文化、客省庄文化和齐家文化等；处于长江流域的大溪文化、屈家岭文化、石家河文化、北阴阳营文化、凌家滩文化、潜山(薛家岗)文化、河姆渡文化、马家浜文化、崧泽文化、良渚文化等；处于珠江流域和边远地区的石峡文化、卡若文化和台湾的卑南文化等。这些文化区域大多各在一处；有的虽同在一处，但年代有前后关系，或后者就是前一文化的继承和发展，其年代从距今8000年至4000年不等。

（二）新石器时代诸文化采用的玉料

新石器时代各文化使用的玉料，是从旧石器时代制作石器时选用坚硬的石料的基础上发展而来的，故其早期仍处于石玉并用或玉石不分的过渡期。至新石器时代早期，有的文化已开始用玉作器，并过渡到玉石分开的阶段。其选玉标准就是大凡用当时最坚硬的器具，如竹、硬木、骨、角、牙等刻划不动者，而只能用解玉砂琢磨为器并有一定美感者方可定为玉。上述情况，一直延续至新石器时代晚期。

新石器时代用玉料的另一种情况是，各文化所用玉料多就地或附近取材，如东北地区各文化用玉料，多采自辽宁等地的岫玉，或含有透闪石成分且较坚硬的"老岫岩玉"（产地在辽宁省的宽甸县）。长江流域则来自其地区各省的岫玉或地方杂玉。其中良渚文化所用玉料，经化验考证，主要来自江苏省南京市郊产的"闪玉"料。黄河流域各文化用玉料，经观察有的是山东日照莱阳玉和河南南阳玉（即独山玉），有的是甘肃的闪石和祁连山岫玉等。台湾地区的卑南文化用玉料，据笔者观察，很可能产自其本地的花莲县岫玉。而石峡文化玉料似与良渚文化玉料相同，或为另一未发现产地的玉料。

新石器时代诸文化的玉料，经重新埋入土中后复出时，其质色往往出现三种情况：一是表面如新并无沁色，这在诸文化中常有发现；二是表面虽有沁色，但很轻，或仅局部才有，多呈乳白或灰白色；三是浸蚀严重，表面、甚至器内皆呈灰白或鸡骨白色。造成上述三种情况的原因，多与玉质的不同有关，如岫玉，一般不受沁，有者亦极轻。而良渚文化、凌家滩文化等地用料，多有沁且较重。此外，上述三种情况亦与埋葬地区的土质和水质有关，一般含酸碱物较重的南方水土对玉器的浸蚀较重。

（三）新石器时代诸文化玉器的制作

新石器时代玉器制作时，带动解玉砂琢磨玉器的器具，主要用竹、木、骨、角等制成。但有些地区，如红山文化，可能是用动物筋条或皮革带动砂磨玉。而良渚文化的刻纹，据考似用坚硬的鲨鱼牙直接刻划而成。有鉴于此，故此时的玉器往往开片厚且厚薄不均，表面有开料时留下的较宽的台阶痕。而穿孔，一般孔径较大（最大孔径达7厘米，最小者也有0.3厘米），且穿孔不正，孔呈喇叭形，孔内留有"来福线"和未穿透时及使用器具击穿的隔痕等。所琢饰的纹图，凡用硬具直接刻作的直线纹，皆边宽和深浅相同；而有弧度之线纹，皆深浅、宽窄不等，且多在边洞或拐角处留有叉道。若是用动物的筋条带动解玉砂琢饰的纹图，一般线条较粗宽，往往粗细不等，深浅不同。

（四）新石器时代诸文化玉器品种

新石器时代诸文化玉器中，按其主要用途分，有实用和非实用的生产工具和武器；有仿工具或武器的仪仗器；有美化生活的佩玩和祀神鬼的礼器（祭器）等四大类。这些玉器在不同的文化中，出现的先后、有无、多少等情况是不同的，造型纹饰也有所别。

玉制生产工具或武器，无疑是从旧石器时代的同类用品发展而来，所不同的是材料和制作法略异。旧石器是打制，新石器是磨制并多用穿孔。玉器品种有斧、铲、镞、凿、锛、矛、纺轮等。这些作品，在有玉器的文化中，皆或多或少有所见，其造型也基本相同，只是早期的玉器制作较粗糙、厚重且无穿孔，而晚期制作则较为规整，有穿孔，个别还饰有纹图。

此期的玉仪仗器，从其有刃和较宽且薄的情况看，其形当摹自工具或武器，但其用途均非作实用而是作部落首领或头人显示权威的仪仗器用。其品种有呈扁宽梯形的刀、似斧或铲的钺、三边刃且端尖的戈、前端作凹刃的戚（有的名牙璋）等。新石器时代的玉仪仗器多出现在新石器时代晚期，所见均为龙山文化和良渚文化遗物。其中良渚文化中只见玉钺一种，与其同时出现的，还有玉钺把上作装饰用的冠和端饰两种嵌缀物。

此期玉佩玩种类很多，见者有作头饰和胸饰的玉玦、簪、外方内圆器、三孔器、双联璧、马蹄形器、冠状器、"山"字形器、勾形器、勾云形器、柱形器等；作项饰的有串饰；作玩赏的有写实和神灵动物中的玉鱼、蝉、龟、鸟、虎、神兽、龙、凤等；作手饰的有玉戒指、镯等。

新石器时代的玉制礼器，见者有"六器"（即璧、琮、圭、琥、璋、璜六种器）中的璧、琮和璜三种。按《周礼》记述，此三种玉器中的璧作礼天，琮礼地，璜礼北方，但当时是否有此作用仍有不同的看法，尚有待进一步研究。此外，此时亦出现甚多形近似璧，但与正规的璧造型有别的玉器，如穿孔大小和边饰均有不同的扁圆有孔形器环、瑗、牙璧（又名璇玑）等。其中牙璧尤为奇特，不仅扁圆和中有圆孔，且外周有三个脊牙作向一个方向旋转状。其用途在学术界亦存在争论。笔者认为它仿自水涡或旋风，是一种礼水或风神用器。

新石器时代玉器品种除了上述四大类外，还有一些介于某二类之间的玉器，如前述的写实或神异动物形器多有穿孔，可为佩，但不能排除它们也是一种动物崇拜的祭器或"图腾"。此外，此期出现一些以人为本模仿的神灵鬼怪器和写实的人形玉器，大多以人首或人面形出现，个别亦以整体人形出现。其中，除有人体写实的局部器官外，亦有将某一器官变形夸大的。鉴于它们多有穿孔，故可作佩，亦可作祭祀或纪念性物品用。但究竟作何用为宜，还有待更多的考古资料来证实。

（五）新石器时代诸文化玉器上的饰纹图案

新石器时代玉器，大多是光素无纹者，但也出现了一些有饰纹者。其饰纹，除一些起辅助作用的直线或弧线弦纹及云雷纹等几何形图案外，亦出现一些由上述饰纹组成的人面纹、鸟纹和神人纹等。其中又以良渚文化多见的神人纹最为世人瞩目。该神人纹（有人称"神徽"）有繁简之分。繁者，上部为头戴羽帽的人首或人面形和叉开的双手；中央为一组蛋形目和口有獠牙的兽或鸟面；下部有兽或鸟的爪足共同组合成完整的神人。简者有两式，一式是上部以若干道横向的直线纹表示冠帽和以双圆目和长方形口表示面部的人首，其下为蛋形目兽面，共同组成简化式神人纹。另一式是仅以若干道平行横线纹和两个圆圈纹及一长方形饰共同组合成的更为简化的神人纹。

玉器的上述人面、人首和神人饰纹，在不同文化中均有发现，各有特点和风格。其中最主要的特点往往在目纹中表现出来。如龙山文化的目纹，以阴刻漩涡式双目表示；大汶口目纹，以阴刻相连的双橄榄形眼眶内加一道横线代表目珠；石家河文化目纹，形似大汶口的目纹，亦呈橄榄形，但均不以眼眶内横线为目珠，也不用剔地阳纹表示；而良渚文化目纹则较其他文化的复杂，多以单圆圈、双圆圈、圆圈外两侧加一横线或三角形纹、单线蛋形线或蛋形目内加一圆圈等表示；此外，个别文化，如陕西龙山文化和石峡文化玉琮上的目纹，有的近似良渚文化某一式但又不完全相同。

七、夏商时期的玉器

（一）以二里头文化玉器为代表的夏代玉器

近几十年以来，随着考古发掘和研究的不断深入，特别是河南省偃师县二里头文化的发现，人们对中国古史中的夏文化的认识，才有了实物的依据，对夏代历史的研究也有了新的突破。

二里头文化的考古发现分为四期，目前考古界有两种意见：一是主张该文化的四期都是夏文化遗存；一是主张一、二期为夏文化，而三、四期则为商代早期的文化。值得指出的是，迄今所发现的考古资料说明，该文化的三、四期发现有玉器，而一、二期尚无玉器。据此，若按上述第一种说法，则夏文化晚期已发现玉器；若按后一种说法，则夏文化未发现玉器，所发现的玉器属商文化早期物。笔者认为，迄今所知材料说明，前一说是可信的。我们可视二里头文化即是夏文化。

二里头文化发现的玉器品种有钺、戚、牙璋、刀、戈、矛、圭、柄形器、珠、管、坠等。其用途或作佩饰，或作仪仗。其中仪仗器是继新石器时代已有的基础上发展演变而来，在造型上并无多大的变化，只是器形较宽，有的还饰有纹图，侧边有若干个齿状脊牙，玉钺刃边作多角等，而与此前玉器略有差别。

二里头文化玉器中数量较多，并首次出现的是所谓"柄形器"。此类器物鉴于其前有榫，故考古界推测可能作某种器之柄而定为"柄形器"。最近十年以来，因此类器从未发现其榫端有器物，故对其定名又提出怀疑，有的称其为刀具，有的称其为死去祖先的牌位。笔者发现，这类物曾数次见到其榫前端有数十块小玉片等组成的某形体物，且制作精美，甚至有下面嵌托黄金片者。出土时，有的置于棺椁内和盖上，有的置于墓葬周壁间和墓道口，显然有某种特殊作用和意义。因此，真实的用途可能是一种辟邪压胜物，或是有更深含义之物。

二里头文化玉器的饰纹，亦有新的发现，上述一件柄形器上的花瓣纹、人面纹、双钩饰纹和人面纹上的"臣"字形目等最引人注意。它不仅为此期的创始，而且对其后玉器的饰纹有着重大的影响。

二里头文化玉器说明，随着夏王朝以第一个统一的奴隶制国家出现，不仅玉器有许多创新，而且为显示君王至高无上的权威，不惜工夫以当时最名贵的玉料制作仪仗器。当时的玉器，集其前代和周边地区同时期各文化玉器之精华于一身，并从周边地区为主体的玉器制作和使用，向夏王朝腹心地带转移，显示夏王朝强大的地位与实力。

（二）以河南省为中心发现的商代早期玉器

根据文献记述，商代是替代夏代的第二个奴隶制王朝。而在数十年前，人们只了解以安阳为中心的殷墟(商晚期的都城)遗址及其出土遗物情况。最近几十年以来，随着考古事业的发展，有关商文化早期的情况，亦有所发现和了解。其主要的发现，除前述二里头文化三、四期有可能代表商文化早期遗存外，最为可据的是河南省郑州市二里岗等地发现的商早期文化遗存。据此可知，早商文化的分布范围已大大超过了夏文化，除现今的河南省一带外，往西已到达关中平原，往东已推到淄河、弥河流域，往北一度越过燕山而抵达河北宣化盆地，并影响到河套一带，往南到达长江岸边。

早商文化的玉器，主要发现于商汤亳都的郑州商城和尸乡沟商城及其附近地区。此外，在早商文化分布范围内的湖北省黄陂盘龙城商城、河北省藁城台西等遗址亦有发现。

早商玉器品种与夏文化基本相同，仍以兵仪器为主，计有玉戈、玉戚、玉钺等，不同的是玉戚明显减少，而玉刀已基本消失。此外，在二里头文化新出现的玉柄形器、大汶口和龙山文化已有的玉璇玑形环(又名"牙璧")也有所见。玉佩中，此前出现的玉玦、玉珠、玉坠、玉镯和玉璜等也仍在制作和使用。值得指出的是，早商文化虽范围扩大，但玉器数量较夏文化的玉器少且制作不精，也未出现更多新的玉器品种，甚至有个别玉器品种已消失或减少。当然，这些情况，也可能与此期大型墓葬尚未发现有关。此期发现的青铜曲内柄的玉戈和玉钺多呈梯形且两侧有扉牙等，亦有别于夏文化的同类作品，并呈现出新意，显示某些向殷商文化过渡的特征。

（三）河南安阳殷墟出土玉器为代表的晚商玉器

河南省安阳市，原是商王盘庚从洛阳迁都至此的都城，因该地原称殷，故此处遗址称为"殷墟"。殷墟的发现，已有很长的时间，它早在20世纪二三十年代已很著名。特别是近几十年以来，该遗址得到了大规模的清理和发掘，并出土了一大批玉器。其中1976年发掘的"妇好"墓就出土玉器755件，几乎包括了商王朝中心地区主要的玉器品种。现以该墓玉器为主线，对商代晚期玉器作如下探释。

据考，"妇好"是商王武丁的配偶，庙号"辛"，曾是一名武将并为武丁时的征战立过汗马功劳。"妇好"墓出土玉器中，有"六器"(即礼器)中的璧、琮、璜三种及近似璧形器的瑗(大孔璧)和环；此外，有虽非"六器"，但在当时可作礼器用的尚有立体器皿类的簋、盘和似作祭祀用的璇玑形环状器等；有作仪仗器的戈、斧、矛、钺、大刀等；有作工具用的铲、凿、锛、锯、小刀、弯锥形器、纺轮、镰等；有作实用的和佩用的杵、臼、调色盘、笄、梳、耳勺、匕、镯、柄形器、管、珠、坠、扳指(古名韘)、器座形器、拐尺形器等。

"妇好"墓出土玉器中最令人瞩目和叹为观止的，莫过于发现一大批人神器和像生器等精美艺术品或玩佩。它既有圆雕、片雕器，亦有镂雕器。其中人神中的造型，有人面或人头形、两面不同形态人头、两面不同性别的直立人、侧身蹲踞式人和抚膝跪坐式人等。它们为当时人物造型和服饰的研究提供了重要的依据。像生器中既有写实性的，亦有一些是神异性的，计有龙、凤、怪鸟、怪兽、虎、象、熊、猴、鹿、马、牛、狗、羊、兔、鸽、鹰、鹤、鹦鹉、燕、鸬鹚、鹅、鱼、蛙、鳖、龟、蝉、螳螂等数十种。

（四）晚商时期中心地区玉器风格特点

从上述商晚期中心区出土玉器，并参照大批出自同时同地区其他墓葬和遗址及传世玉器，可知商王朝统治区内的玉器有如下一些特殊情况和风格特点：一是玉料除包括了新石器诸文化已见的主要玉料外，首次经科学验测证实已用产自新疆一带的昆仑玉及产自河南南阳地区的"独山玉"等作器；二是制作技艺大大提高，其中多件立体器皿和大件圆雕器的制成最具代表性；三是品种造型与早商及以前时代相比较有增有减。就整体而言，早期已有的玉器类别，如工具、仪仗、礼器、玩佩、生活用具等类，均仍保留，较夏文化和早商减少的有梯形刀。动物形器不仅大大增加，而且从新石器时代至唐代同类玉器看，也是空前绝后的，几在生活中能见到的动物体皆有所见。四是玉器风格大为改观，主要表现在首次出现"俏色"器，继承并大量应用双钩饰纹和"臣"字形目纹，边沿采用不规则为饰的扉牙，既有写实又有在某些部位或器官作夸大表现的人神和鸟兽鱼虫器，普遍使用青铜器作砣具等带动解玉砂制作玉器，首次出现铭文玉器及某些纹图等。

凡此说明，殷商时期玉器，是中国玉器史上一个大变革时期，并进入第二个发展高峰。它不仅继承其前三代玉器的总体成就，而且对同时代周边非商王朝统治区玉器及其后的周代玉器的发展有重要影响。

（五）相当于商晚期的三星堆文化玉器

三星堆文化位于四川省广汉市三星堆，年代相当于商代晚期并延续至西周早期。三星堆文化玉器，从故宫博物院清宫旧藏玉器看，最晚在清代已有出土。但对三星堆遗址的正式发掘，是从20世纪30年代开始的，其中两个祭祀坑的发现及发掘清理出土的玉器尤为引人注意。两个祭祀坑内除埋藏玉器外，还有一些精美绝伦的青铜器和少许陶、骨器等。

该文化出土玉器的品种，有礼器类的琮、璧等；仪仗器中有戈、矛、戚、刀等；工具或仿工具类器有斧、铲、凿、锛等；佩饰类中有坠、管、镯等。这些玉器中，以玉仪仗器居多而令人瞩目，有些器形为前所未见。如发现一件玉大刀，长达1米，上有含义丰富的纹图；一件似戈似戚的前端镂雕一侧身鸟的玉器；一件两面皆刻有戚纹的玉戚等。它们的发现，为古玉史增添了新的资料。

三星堆文化玉器与其前各文化和夏商玉器比较，主要有如下一些特点。

一是此处玉器以工具和仪仗器为主，颇有新石器时代晚期和夏文化的遗风，说明该文化虽受中原文化影响和年代相当于殷商或稍晚，但同类玉器制作和使用时间则较中原地区延后，表现出中原地区以外"文化因素的滞后性"。

二是此地玉器很少见到殷商文化玉器中的兽面纹、人神器、龙凤纹和像生器等，反映玉器制作和社会生活的局限性。

三是此地虽出土一批精美青铜器，甚至有比殷商青铜器更美更雄伟之作，但玉器中则很少有与殷商玉器那样其造型和饰纹都与青铜器有密切的关系，说明三星堆文化玉器有本身的固有特色。

（六）大洋洲商墓出土的早越文化玉器

大洋洲大墓是1989年发现的，位于江西省新干县大洋洲的赣江东岸，年代应属早越文化，约相当于中原殷商文化二期，为近年来在江南地区发现的重要墓葬，对吴城文化的渊源史和早越人的文化研究有重大意义。

该大墓发现玉器有1072件，计有礼器中的琮、璧、璜等；仪仗器中的戈、矛等；佩饰中的镯、柄形器、珠、管、项链、笄、坠等；人神和像生类中的玉獠牙高冠人首、活环套链的羽人和玉蝉等。其中玉高冠獠牙人首器，形式很似石家河文化同类器，唯头戴高冠者为前所未见。活环套链羽人亦很特别，有三个活环套链为迄今所知最早遗物，在琢玉史上占有特殊地位。

大洋洲出土玉器，与殷商和三星堆文化玉器的年代不相上下，但其风格各有特色。此处玉器以佩饰为主，与殷商时中原地区相似点多，而与三星堆文化有较大差别；大洋洲玉器和中原殷商玉器皆有人神器发现，从品种看有相似之处，但其造型完全不同，所见獠牙人首，是受到时代较早而地域与其接近的石家河文化中同形玉器影响而作。而羽人可说是当地文化的独创，且对西周玉器有某种影响。

大洋洲玉器饰纹，如双钩饰纹法和"臣"字形目纹及蝉纹等，几与殷商中原地区玉器饰纹相同。这说明，早越文化与其前的石家河文化和同期的商文化有直接的渊源关系，而与四川的广汉三星堆文化似无直接关系。

八、继承殷商而又有所发展的西周玉器

（一）西周玉器的重要考古发现及其用料和制作简况

周王朝前期，史称西周，都城在今陕西省长安县沣水两岸，周武王都沣水东岸，名镐京。与此同时，又在今河南省洛水之阳营建洛邑，称成周。

西周时期，处于中国玉器史上自殷商起的第二个发展高峰的后期，并取得了新的成就，出现一大批精美佳作，有专门供王室贵族享用的玉器。重要的玉器出土地有陕西省宝鸡市的弢国墓地；河南浚县辛村墓地，平顶山应国墓地和三门峡虢国墓地等；山西省曲沃晋侯墓地；北京市房山燕国墓地等。此外，在山东等地亦有零星的发现。从上述墓地、遗址和一部分出土时间和年代不详的传世玉器情况看，其时玉器主要有如下一些基本情况。

西周玉器的选料，较前期略讲究质地美，所见大多用新疆产昆仑系玉和少量用辽宁产的岫玉。关于使用昆仑山产玉料的情况，不仅有大量的实物为证，且从史书中有关周穆王在昆仑山瑶池会见西王母的神话传说，称其在该地看到玉山之说加以证实。西周玉器大量用最坚硬的昆仑山系玉料，表明所用工具较前期先进，琢玉技艺大为提高，在其他方面则与殷商时期基本相似。

（二）西周玉器的品种及其发展变化

西周玉器的最大变化，表现在玉器品种上。新石器时代至商代盛行的实用或不实用的玉制工具，至此时已多数消失；仿实战武器的玉制仪仗器中，玉刀、玉牙璋等至少在中原地区已不能见到，而玉戈、玉钺等，亦步入衰亡期。具体表现是不仅数量不多，且器形也向小型化发展，大多从以往数十厘米长减缩至10厘米长左右，而其用途也变为象征性的，或作珍宝和财物收藏；礼器中的玉琮，在西周王室所在地，特别是今陕西省周原一带有大批发现。玉璧多已趋向小型化，玉璜、玉琥(即写实的玉虎形器)则突然增多。值得注意的是，"六器"中的典型玉圭，至此时首次在玉器群体中出现，而玉璋则仍未见实物；此期的玉佩件，一个重大变化是突破以往主要以单个为佩的习惯，而向成组和有一定规律格式的组佩方向发展，其形式多由若干件玉璜和甚多不同质色的管珠成组串缀而成，佩挂时由胸前至腿足，给人以一种光彩夺目和富丽堂皇的新鲜感。此外，以兽面为本摹作的嵌饰品和专供死者陪葬用的缀玉覆面(又名玉面罩)首次出现也给人以深刻印象。一件嵌玉柄铁剑的发现，在玉具剑发展史上亦占有重要地位。

此时玉制人神器，除少量的整形直立式写实人形器外，尚见众多形作蹲地式、通体有若干龙或作某部器官或作佩饰穿戴，呈侧视或个别呈正视状的人龙复合形器，其形制奇特，极富时代感。玉制写实性动物，虽数量极可观，但品种较殷商期少，即由殷商期的数十种减至十余种，常见者有牛、羊、猪、兔、鸟、虎、鹿、龟、蝉、蚕、鱼、螳螂等。非写实性的神鸟神兽、新石器时代开始出现的凤，经夏商一度中断后，复又出现，且数量突然多起来。凤形作头顶有棒槌式高冠呈直立或向前倾弯，钩嘴，圆目，尾从背侧上翘至头顶，若直立前视状。龙之形亦有很大的发展变化，除一部分保留殷商间瓶形角和双足龙外，还新出现了两龙或多条龙相互盘结式和口吐长舌的无足龙。这些神鸟神兽的突然增多和更加变态神秘，说明当时的人们从早期崇奉自然和写实动物为主转向崇奉神灵世界为主。

（三）西周玉器的创新与发展

西周时期除保留众多的传统玉器品类外，亦出现了一些新型的玉器品种，所知主要有玉剑把和专供死者埋葬用的玉面罩两种。前者虽仅发现一例，出自河南省三门峡西周晚期虢国国王墓，形式和结构与此后同类品差别甚大，但它是迄今所知，用玉器饰于剑上的最早遗物，证明玉具剑饰物的年代从以往定在始于春秋晚期又向前推进了二三百年。

面罩，是以若干件玉器按人面部大小形态缝缀起来，专供死者覆面的用器。此类器，迄今所见，最早出现在西周，已发现多件套，形式各不相同，有的是专门而作，有的似用其他已有定型的旧玉器改作或合并而成，每套中缀合玉器的件数不等，且呈扁平状，边角有小孔供缝缀用，使用时凡有饰纹部分皆朝死者面部。

西周时亦发现一些以往不多见的玉器，常见的有玉兽面、玉圭、玉束帛形器等。其中玉圭的新出现尤引人注意，形作扁平尖首无刃状，与文献记述中的圭形之说相合。还必须指出，青铜铭文中，"圭"字的出现亦在西周，因此，把这种玉器的最早历史，定位在西周是不成问题的。这也说明以往把西周以前首端有刃的玉斧、石斧定名为圭，并将其始创年代定在新石器时代是不妥的。

（四）西周玉器纹饰及其特点

西周玉器大多有纹饰和图案。其饰纹颇具特色并与前后各期略有区别，主要形式有两种：一是饰纹相对简化，具体表现是在一件玉器上往往以数道阴线表示主要纹图，有"画龙点睛"的特殊美感和效果，所谓简朴典雅者即指此；二是饰纹布局繁密，其特点是表现人物或像生时，其眉发、羽毛和足爪等，无不形象具体，一丝不苟，形如近视物体的感觉。

西周玉器纹饰的另一特色，是无论饰纹简繁，初看与殷商期相似，既有单阴线，亦有双钩线。但细加审视，其刻纹的表现手法是有差别的。如单阴线多用斜砣琢饰，线条两侧深浅不同且呈坡状，形同斜刀剖刻而成。若为双钩，则其双线粗细不等，细者与商代相似，似用直立刀刻而成，两边无深浅之感，而粗者，形如上述单阴线表现法，亦用斜砣琢饰。

西周玉器上的人神或像生纹的眼睛形式与商代，特别是殷商时相似，亦惯用"臣"字形目，唯此期的"臣"字形目，往往在两侧眼角有一段延长线纹。此外，西周玉器饰纹多以龙纹、凤纹或人神纹为主，讲究纹图的神秘威严、抽象变形和线条流畅等艺术效果。

九、从西周向战国过渡的春秋玉器

（一）春秋玉器的重要考古新发现

周王朝在中国历史上统治了近一千年，其前期，历史上称为西周，后期称为东周。而东周又分为两个阶段：前一阶段称春秋，后一阶段称战国。

春秋时期玉器的面貌，在一二十年前尚不明晰。近年来，随着一批春秋时期重要遗址和墓葬的清理发掘，人们对春秋玉器的情况也有了基本的了解。其中有重要玉器发现的，有山西省曲沃县春秋早期的晋侯墓地M93和M102两墓、河南省信阳地区春秋早期的黄君孟夫妻合葬墓、河南省淅川县下寺春秋中晚期的楚墓群、江苏省苏州市附近的春秋晚期吴国墓地和窖藏等。

综观上述各墓地和窖藏出土玉器，其品类较之其前已有很大的变化：玉制工具和仪仗器已消失不见，即使发现个别，也多是前期的遗物；"六器"中，较常见的唯有"琥"。若此期的虎形玉器确为玉琥的话，则其数量是相当多的，往往在一墓中就有数件乃至十余件；玉佩饰中的玉笄、玉梳仍有所见，且形式变化不大。唯成组玉佩，不仅数量有增无减，且组合形式也大变，出现上有珩，中有璧或环，下有左右分列璜和冲牙，并于各器间缀串琚、瑀等饰的复杂组合。人神和像生器中，人

首或人面形器仅见有两例，表明这种器形已走下坡路并发展到末期。相对而言，跪坐式或直立式玉人则颇有生气，与以往不同的是出现拱手而坐或拱手而立之式，且生动写实。此外，在春秋早期墓中，出土两件独特造型之物，形作人首蛇(或龙)身，分别为神话传说中的女娲和伏羲像。像生器至此期更少，见者仅有虎、蝉、鱼等数种。神灵动物中，虽龙凤尚存，但趋向细小和更抽象变形，且多以纹图形式表现而罕见单个为器者。

春秋玉器中，亦发现若干前所未见的新品种，其中玉带钩的出现最为突出，并把以往认为玉带钩在中原地区出现始自赵武灵王学习"胡服骑射"时(战国中期)，又向前推进了一二百年。此外，西周始见的玉剑饰，由前期只有玉剑把嵌缀物，发展演变为有嵌缀于剑首和剑格之上的玉剑首和玉璏两种器类。

(二) 春秋玉器的时代风格

春秋玉器中，除品种形式变化较大外，在其他方面也具明显变化，并构成其时代特点。此期选用的玉料，虽仍是杂玉并用期，但品种相对少。此前已有的青色或黄色的蛇纹石(岫玉)与和田地区产的昆仑玉料逐渐多起来，并向单一的方向发展。

此期的玉器制作技术也有新的提高，主要表现为开料薄和厚薄均匀，厚度一般从以往的0.4厘米减到0.2厘米。曾多次发现做好的一件两面纹饰相同的玉器从中间对剖成两件相同之器。结果玉器一分为二后因器体太薄而无法再在其剖开一面重新饰纹，从而形成一面有饰纹，一面光素无纹的现象。

春秋玉器的饰纹，早期虽然仍见殷商至西周流行的双钩线纹，但此期的双钩线已无西周时有粗细之分特色，多呈细密布局，线条短小，图纹更抽象变形而不识为何物。及至春秋的中晚期，上述现象除在陕西省雍城(先秦国都城)出土物中尚见单条或双条阴线组成的纹图外，在其他地区，则由隐起加细线纹代替阴线刻纹，并多像夔龙纹。鉴于此类饰纹虽做工极精致，但均抽象变形，且各条夔龙间界线不清，首尾互缠，奇特细密而给人以似有似无之感，故有人又称其为"寄生虫纹"。

此期玉器中，在穿孔的位置和粗细等方面也有一些特点。如此前玉璜穿孔的位置，或一端有一至两个孔，或两端各有一或两个孔。及至春秋的中晚期，其穿孔除两端仍有对称的各一孔外，另在弧凸一边的中央增加一个孔，结果是当用其佩挂时，此前是凸边朝下，凹边朝上，而此时则朝向正好相反。又如穿孔的直径，春秋早期仍与前期各代同，即穿孔是入口大出口小，孔较短、较粗。及至中晚期，有的孔眼因开始用铁钻穿孔，故孔径用肉眼观看时是大小相等，孔眼也更细、更长，甚至有的长达十多厘米。

(三) 春秋之成组佩玉

考古与文献资料说明，春秋之前用玉者的心态，主要是显示威严、高贵和美感。及至春秋，这种心态似在变化，其中一个重要的变化是对玉料的质地要求的提高和对它的特性赋予人格化推崇。春秋晚期孔子等人倡导的"君子比德于玉"等学说及大量发现成组佩玉的情况，春秋战国间文献中常见的玉有"德"之论及"首德次符"、"玉不琢不成器"、"君子必佩玉"、"君子无故，玉不去身"等等词句即是。所谓的玉"德"，是借玉料特性比附人格化的"仁、义、廉、信、道"等(孔子总结成十一个)来表示。所谓"符"，是指其上的玉色和饰纹等。"玉不琢不成器"虽是比喻培养人才之不易，但也说明当时要求采用的玉材，必须用当时最坚硬之物雕刻琢磨方能成器的道理。"君子必佩玉"是来源于"首德次符"说及"君子比德于玉"说。因为人们佩上成组佩玉后，若走路太慢，就没有相互冲击而发出的丁当声，即所谓"其声不扬"；若走得太快，则撞击的丁当声会杂乱无章，即表示"君子"伦理失道；唯一的办法是佩玉君子走路时要求不慢不快，方能使玉佩发出动听适度的美"德"之声。君子"必佩玉"发出的声音，除表示"君子"已"比德于玉"和"节步"外，亦表示"君子"为人的光明正大。因为这种动听之音，使一定距离前后左右之人都能听到，从而防止非正人君子去跟随别人的行动和偷听别人说话的不道德行为。

十、大变革时期的战国玉器

（一）促使玉器变革的社会背景

自进入战国时代开始，中国社会已由奴隶社会过渡到封建社会。战国早期，大小诸侯国仍较多，进入战国中期后至秦始皇统一中国之前，大小诸侯国已合并为七国，即韩、赵、魏、齐、楚、燕、秦"七雄"。此外，尚有个别小国在它们之间残存，其中之一是位于今河北省平山县一带的中山王国。

战国时期，随着社会进步和生产力的提高与发展，特别是铁工具的广泛应用及封建社会的确立，文化艺术上提倡"百花齐放，百家争鸣"等，人类文明象征之一的物质文化，也得到大大的提高和丰富。其中在手工业中占有特殊地位的战国琢玉业的进一步发展，并在琢玉史上进入第三个高峰期的事实，便是最突出的实例。

（二）精益求精的玉料选用和玉器制作

战国时期，随着铁工具广泛应用，并成为制作玉器的工具，玉料质地的要求也随之提高了。以往用青铜器具刻划不动的玉料，至此时则可用铁工具刻动。也就是说，按"玉不琢不成器"的原则，玉料的硬度普遍提高，那些硬度较低的玉料，如蛇纹石类材料因用铁可以刻雕，原则上就被淘汰了，剩下的，就只有透闪石——阳起石一类，即昆仑山系玉料了。这种用料的变化，不仅有大量的文献记载，而且在考古发掘的玉器和传世玉器中，有90%以上均用新疆和田等地玉料做成而得到证明。

玉器制作水平的提高，与社会进步和生产力发展有着密切关系。如战国玉器的穿孔，因铁制钻具的硬度相当于解玉砂和昆仑玉料，故用其带动解玉砂去穿钻玉器孔眼时，即使被硬度较大的解玉砂和玉石磨去一些，也不大明显，用肉眼观察时就觉得其孔径上下大小相等。这与此前用青铜或更早用竹木等工具钻成的孔眼大小不等呈喇叭形孔的情况形成鲜明的对比。与此同时，战国玉器开片均平，孔眼可钻得更小而长。立体器皿大量出现，镂空器和活环套链器突然增多等，亦无不与生产工具的改变、琢玉技艺的提高有着重要的关系。

（三）玉器的品种和用途

战国玉器的品种，除个别类型，如玉人头和玉束帛形嵌饰等已消失外，春秋时期已有的其他各类玉器基本得到继承和发展。但其形式已大为改观，并出现一些前所未见的品种。如玉带钩数量由少至多，且形式千变万化，史称"满堂宾客，视钩各异于环带间"正是当时真实的写照。又如玉具剑饰物，此前已有的玉剑首由长椭圆形演变为扁圆形，玉璏由椭圆演变成菱形。此外，又新出现两种玉具剑饰物：一为饰于剑鞘近口处，内有一长方形穿可与剑鞘结系和革带穿缀用的玉璲；一为饰于剑鞘末端，形呈束腰梯形，供保护剑鞘末端不被损坏的玉珌。至此，玉具剑饰物已经完备和定型化，并对后来同类玉器的制作有着重要的影响。

玉礼器，即玉璧、琮、圭、琥、璋、璜六器，至此时已全部亮相，从而结束了以往器形不全的局面。其形式也发生了重要的变化。其中最多且变化最大的是玉璧和玉璜两种，由以往或光素无纹，或有简单饰纹的正统(规)形，发展为多式同时出现的新景况。其中孔内或边缘加饰对称龙凤等镂雕纹图者，即所谓"出廓式"璧或璜尤引人注目。值得注意的是，在中山国王墓及陪葬坑中，曾发现若干书写器物名称的玉器，其中玉琥作虎形，"肉大于好者"名璧，"肉好相等者"名环等，证实"六器"中的琥就是虎形玉器，"六器"中的璧及其与环、瑗的差别，完全符合《尔雅·释器》对上述玉器之定名。

玉佩中的成组佩的形式、用途及其内在含义，与春秋同，但因佩带者身份等级有别，其组佩玉器的形式、多少存在差异。人形器中，作人首或人面形之器已消失，所见皆写实和作整体人形，且改变了以往写实人与神鬼怪异同时出现的情况。其中玉舞女佩和中山国出土的有男有女，有老有少，头结

裕福轩藏玉选·概论

角髻，身着花格长袍的玉人及童子骑兽玉人等，不仅是新形器，而且为当时人物的造型艺术和服饰研究提供了重要资料。写实动物中，春秋一度脱见的物种，如蝉、马等复又出现。其中山东曲阜鲁国故城出土的一件下托长方形玉板器座的圆雕加镂雕玉马尤为精巧。神异动物中，新出现一种似龙的螭，体呈"S"形，更富神秘感。

战国玉器的最明显变化，是出现一种从殷商实用韘演变而来的所谓"鸡心佩"，其形从圆筒形逐渐向扁平式发展，且两侧加饰扉牙等，并从实用变化为尚武之佩。此外，此时还大量制作立体的实用器皿，且品种大为增多，见者有玉卮、玉樽、玉羽觞、玉灯等，把玉器品种逐渐从礼仪玩赏物推向实用工艺美术品发展。

（四）式样丰富的几何式纹图

玉器上有饰纹，始自新石器时代中期，此后经久不衰，变化万千，但最大的变化则始自战国，它从以往的神异或写实同时并举的饰纹，演化为纯作装饰性的几何形纹图，而且形式繁多。

值得注意的是，这些纹图，表面看来似是纯装饰性的几何式布局，但细审其形态，往往都是以往各种人和动物中某些器官或精选图案组合而成。如此期出现的谷纹，呈圆凸尖顶形，显然就是此前动物或人物的眼目发展而来；呈涡状的卧蚕纹，可能就是动物的尾部演变而成的；呈如意形的朵云纹或勾连云纹，很似以前人或动物的鼻子演变而来；呈竹节状的竹节纹，显然是此前鸟禽的羽翅演变而成。其他如网格纹、纽丝纹和蒲纹等，很可能是人物和鸟兽的衣格纹、眉毛纹或草带纹等演变而来。这些纹饰及其有规律的布局，常出现在各种玉器的两面或周围，有的也作某种动物的鳞甲，或表示天际雷云，其名也大多是今世人定的，当时是否有吉祥含义，从古籍记载看，尚缺证据资料。

上述几何图纹的演变，也有一个过渡期，最初是将上述各种纹饰组成某动物的各种器官，并未有单纯的组列，而是繁密地紧连在一处，这在春秋中晚期的所谓"寄生虫纹"中可见。及至春秋末期到战国初期，它们的关系，虽仍组成某种神奇动物的各种器官，但已不紧密相连接，而表现出较为独立的单体。这在上述春秋末期出土的两件玉器剑饰物的纹图上、在湖北省随县战国早期曾侯乙墓中大批玉器饰纹中可见。从战国中期始，它们就各自独立为一式，并延续到秦汉，甚至影响到明清时期的仿古玉器。

十一、大起大落的秦汉至魏晋南北朝玉器

（一）秦汉间的社会状况与玉器的考古发现

秦始皇打败战国六雄后，中国历史上第一次实现从未有过的大统一，但好景不长，秦朝统一的时间仅有15年便被汉朝取代。汉朝统治中国有数百年，前后分西汉和东汉两个阶段，其间还隔着一个新莽政权。西汉早期，在两广一带也曾存在一个虽一度臣服西汉，但后又自行称帝的南越王国。

在20年以前，所见秦代玉器不多，近年在陕西省秦都城所在地发掘出一批玉器才使人们对秦代玉器面貌略有了解。及至西汉，随着国家统治时间较长，财力物力的丰富，与新疆和田一带的商贸和人员往来的增多，佩用玉器之风又步入新的发展期，玉器数量之多，品种之繁复，较之战国是有过之而无不及。但从总的情况看，特别是其时玉器造型和饰纹多延续战国时期传统风格来看，两汉玉器可以说是战国玉器的继承与发展，并共同形成玉器发展史中的第三次高峰。

两汉玉器不仅传世品十分可观，更重要的是近几十年以来，还发掘出土了一大批令人瞩目的玉器精品。其中有玉器发现的重要墓葬有：广东省广州市象岗发掘的西汉早期南越国王赵眜墓，河北省满城县发现的西汉中期中山国王刘胜夫妇墓，江苏省扬州市和徐州市发掘的若干西汉墓，陕西省西汉帝陵附近出土的若干非墓葬埋藏的玉器，山东、湖南、北京市、广州市和四川等地发掘的汉墓及河北省

定州市发掘的东汉墓等。

（二）秦汉玉器的品类及其精品

有关秦代玉器情况，以往仅从一些文字资料中略知一二，其中众多考据家在寻找的秦始皇"传国玉玺"即为重要史料记述的一例。据称，"传国玉玺"是用卞和发现并献给楚王的"和氏璧"改作而成，玺的设计和书写者是秦朝丞相李斯。可惜的是，这件中国第一件国玺，据传在唐朝丢失而至今下落不明，对它的风采无从了解。另据记载，秦代还出现过一名琢玉大师孙涛，其所作白玉虎生动逼真，惜其器今亦无存。值得高兴的是，秦代玉器实物，在陕西省等地墓葬和遗址中发现过一批，品种有形同秦兵马俑造型的男女玉人、玉高足圆杯、玉具剑饰物，在一个灰坑中出土了近百件以"六器"为主要品种的碧玉器。这批玉器中，以玉高足杯和"六器"中一对"玉琥"尤引人注意，证实这种玉高足杯的最早制品出现在秦代，亦又一次证实"六器"中的玉琥就是以虎为本摹作，而不同于其他五器，皆作几何式造型。

汉代玉器的品种中，生活用器皿仍然较多，见者有战国和秦出现过的羽觞、樽、盒、高足杯等，新出现的则有笔洗、砚滴和盖盒等。自西汉始，玉制成组佩，因制作时要劳民伤财和佩带不方便而禁止使用，但在割据两广的南越王国仍大量制作，仅在南越王赵眜墓中就发现数件套。值得注意的是，在汉朝统治区内，虽禁用成组串佩，但作纪念和避讳等用的单个形玉佩，如玉舞人、玉翁仲、玉刚卯、玉严卯等数量相当可观，并成为当时佩玉的主流。

汉代"六器"之用，最盛行的是玉璧，其次是玉璜和玉圭，而玉琥、玉璋和玉琮似消失或改作他用。如在汉墓中发现的两件玉琮，一改作陈设用，一改作玉衣上的生殖器套用。"葬玉"器，以往曾见有玉琀和玉面罩等，至此期，不仅品种突然增多，且数量可观，几乎主要的贵族墓中都有发现。其品种有玉衣、玉枕、玉猪形握及以包括玉眼盖一对、玉鼻塞一对、玉耳填(塞)一对和玉琀、玉肛门塞、玉阴塞或生殖器各一件的所谓"五九窍器"，以作"玉入九窍，以防尸不朽"用。

玉制人神物，除前述作佩用的玉舞人和翁仲二式外，还见有玉凭几而坐人，玉着拖地长衣人，玉东王公、西王母和玉仙人等。神异动物中，此前已见的龙、凤、螭等仍大量存在，新增的则有综合各种珍禽异兽而作的玉辟邪和"四灵"（即青龙、白虎、朱雀和玄武）。写实性动物较战国时略有增加，见者有玉鸭、玉蝉、玉鱼、玉虎、玉鹰、玉牛、玉马、玉熊等。此外，以往已出现的玉带钩、玉具剑饰物、玉兽面铺首等仍大批制作和使用，更重要的是出现了以往未见过的玉座屏、玉司南佩等。

上述各类玉器中，在琢玉史上占有突出地位的，当属由数千件不同形式玉片组成的玉衣；由多种纹图同饰一器的玉座屏；可能由蓝田玉制成，重达10余公斤的大型玉铺首和吕后生前用过的"皇后之玺"玉印等。这些玉器，作为重要的历史资料而具有重要价值，有的标志着琢玉史的重大进步，更多的则代表了当时艺术上所取得的新成就。

（三）秦汉玉器的风格特点

秦汉玉器的用材，仍是以新疆昆仑山产透闪石——阳起石料为主。此外，新疆天山以北产的玛纳斯碧玉，继战国始出现后，复又大批采用并大多用作陪葬品；曾在战国时期中断的蛇纹石玉料，在东汉时又一度兴起，也说明因东汉国力不支，统治者用玉出现以次充好的情况；汉代史书中大加推崇的蓝田玉，有一二件汉代大型建筑物有人考证是用该料制作，但是否就是蓝田玉制作还有待验证。值得指出的是，上述玉器即使是用蓝田玉制作，它也说明在汉代用蓝田玉做器是不多的，而更多的情况很可能作帝宫的建筑物附件用，日常所见的高档玉器是不用该玉料的。

秦汉玉器中，除一小部分是贵族的生活实用品外，更多的是用于表示上流社会中等级的高下，子孙后代对前辈的孝道或用于阴阳五行、辟邪压胜等迷信活动。故此时的玉器，包括人物和写实性动物造型的玉饰，无不有神秘奇特感。

秦汉玉器中，凡战国已有的品种，在形式和纹饰方面都有着不同程度的新变化，如玉具剑饰物，因大多作铁剑上用，故多器大厚重；玉璧饰纹由简至繁，造型由厚至薄；玉璧中的出廓一式，出廓处饰纹由孔内和两侧转移至上端一处，其饰纹由对称转向非对称，及至东汉还出现镂刻铭文之璧，见者有"长乐"、"益寿"、"宜子孙"等吉祥词语；而那些龙、凤、螭纹，也有明显的变化，如龙，从"S"形游动态转化为爬行状，并出现眉骨高起，有四足，吐长舌，口含宝珠，个别身上有鳞甲，动感极强的形式。螭龙之态，由战国的侧首侧视转变为正面正视形，四足由身下一侧作行走状转化为置其身两侧各二足呈伏地爬行状，由张牙舞爪向合口形发展。几何形的纹图虽有出现，但较战国少，并多呈宽松布局。与此同时亦出现前所未见的新饰纹，如圆圈纹、云气或流云纹、短平行毛发纹、细如毛发的游丝纹和斜刻而成且较粗的所谓"汉八刀"饰纹等，其中细如毛发的游丝纹的刻琢，有可能是"它山之石"如金刚石(史称"昆吾刀")磨尖直接刻划而成，故其纹多在弯曲处呈现叉边或叉道痕。

(四) 魏晋南北朝玉器的衰败及原因

汉王朝发展至东汉，国力已渐衰，及至末期和魏、蜀、吴三国间的长期战乱，社会生产力更遭严重破坏，并延续到其后的整个魏晋南北朝时期的三百余年。作为国力和财力重要标志之一的玉器，如社会情况一样，亦受到严重影响，处于一个在历史上从未有过的衰败期。究其原因主要有如下几个方面。

一是连年战争，人员和财力遭受重大损失；二是政权频繁交替，仅三百余年间就有不同的王朝数十个，且年代较短，各占一方，分庭抗礼；三是通往新疆和田一带的道路受阻，或被各自独立的小王朝隔断，使该地玉料无法更多地输入内地。

魏晋南北朝玉器衰败的情况有很多具体的表现：主要是玉质差次，多以次玉或石料，个别用玛瑙、水晶、玻璃、琥珀等代替玉料；玉器品种中，在汉代有的，至此时大多已消失，所见亦多为秦汉时已有之品，如玉器皿中的玉高足杯和玉樽，葬玉中的玉猪(或名玉握猪)、玉琀蝉，玉礼器中的玉璧、玉璜，玉神兽中的龙、朱雀、螭和辟邪，玉佩饰中的组佩和玉韘等。其中，除玉猪数量较汉代多见外，其他则极少见，甚至仅有一二件；此外，此时玉器制作水平也相对较差，精品极为罕见。

(五) 魏晋南北朝玉器的某些新变化

魏晋南北朝玉器，虽从总体来看是处于玉器发展史中的低潮期，但在某些方面仍有一些变化和新意，具体表现有如下几方面。

玉佩在汉代常见的单件为佩者，仅见玉韘，但周代流行而汉代禁止使用的成组佩玉，至此期复有出现，但其形式较简单，主要由云形珩、玉璜、五角形器及管珠等组串，且多无纹饰。

用玉制作的带饰，此前仅见玉带钩，及至南北朝晚期，首次出现了一种新型的带饰，其统称"大带"。又因在革带上嵌缀有玉带板，以代表一定的等级，故又称玉带。这类玉带，早年仅在史书中得知它出现在南北朝，但一直未见实物。近十年来，在陕西一北朝墓中首次发现实物，为此类玉器的研究提供了重要的物证。

此期玉器的造型，凡此前已有者，都略有变化和发展。如玉具剑饰物，此时仅见玉剑首和玉璲二物，而玉琫、玉珌二物罕见。玉璜多作一端有一孔，而另一端有两孔，而无弧凸中央一孔。玉珩，一作云形，一作铲形，它在以往是未见的。玉猪，一般较粗短且写实性强，与汉代的有鲜明的差别。

魏晋南北朝玉器上的饰纹很少，见者有云气纹、虎纹、朱雀纹、螭纹、熊纹等。值得注意的是，以往玉器中，凡两面有饰纹者，多两面相同，及至此期，多次发现两面饰纹各不相同者。如所见玉珩，一面饰云气纹，一面饰朱雀纹。另一件玉璜，一面饰虎纹，一面饰云气纹等。这种两面饰不同图纹的玉器，不仅是此期独创，且对后来的玉器饰纹有重要影响，为在一件玉器上丰富纹图装饰提供了借鉴。

十二、从衰败中复苏的隋唐五代玉器

（一）隋代玉器的考古发现

隋代与秦代相似，前者是经战国分裂割据后首次统一的帝国，而后者是经魏晋南北朝大分裂和大变革后重又统一的王朝，其历史均较短。不同的是前者是经战国时期玉器大发展之后统一的，后者则是经魏晋南北朝时期玉器大衰落之后统一的，两者的历史也已前后相隔了近千年。为此，这两个时期的玉器既有相同处，也有不同点。在相同方面，两者的用料、制作和数量相对少是基本一致的，但在玉器的品种和风格等方面则有许多甚至是完全不同的差别。

隋代玉器的相关情况，在数十年前鲜为人知，随着考古发掘的深入发展而渐为人所了解。从现在的研究资料可知，隋以前已出现的玉器品种在隋代绝大多数已消失，隋代玉器所能见者有全新的玉铲形佩、玉双股叉、玉嵌金口杯和玉兔等近十种。这其中，玉铲形佩和玉兔此前已见，其他则是新出现的。但无论是已有或新出现的玉器，其用料和局部结构形式等方面都有很大的不同。如出土的一件玉兔，以和田羊脂白玉圆雕，通体光素无纹，两侧腰有一横穿圆孔，以供佩系用。这与殷商和西周时见到的玉兔有明显的差别。所见双股玉叉，一改以往以单股为叉之式，对其后唐宋的玉钗式样制作和使用具有重要影响。所见玉杯，圈足矮圆形，在口沿嵌有金箍一圈，是迄今所见金玉合作的最早实用器皿之一。值得注意的是，这时玉器虽品种和数量不多，但均用优质青白和田玉制作，这与战国以前和魏晋南北朝玉器用料较杂，优质和田玉较少的情况形成鲜明对比。

（二）唐代玉器脱胎换骨的变化

唐代玉器的发展历程，是在魏晋南北朝玉器大衰落，至隋代时又开始复苏并略有发展和变化后开始的。由于唐帝国大统一的时间较长，经济从复兴到昌盛，东西文化密切往来等原因，故除所用玉料和制作方法与战国秦汉相似外，其他方面则给人以进入一个新天地之感。

唐代玉器的品种几乎是全新的，即使那些名称仍如以往，但其形式也是各不相同的，作用也较单纯，多数与实用和佩饰有关。如汉魏时曾有回光返照的礼器和盛极一时的葬玉唐代几已消失。所见者，主要有作佩饰用的玉簪或玉簪头、玉梳或玉梳背、玉镯、玉带板、玉人神仙佛等及实用的玉杯等器具。

玉簪自新石器时代出现始就一直不断，但隋代以前皆为单股形。及至唐代，除隋代始见的双股叉和最早出现的单股叉仍制作使用外，又新出现一种簪头部分为玉作，形呈宽薄片状，而簪插为金银质的复合式簪。这类簪因年代久远，故今所见皆只剩玉簪头，而金属等质之本部多已脱落失散或无存。玉梳始见于殷商，此后各代每有所见，唯早期多呈圆首圭形或长方形。及至唐代，这一形式几已消失，新出现的只有体较宽呈半月形一种。这种玉梳从今日之遗品看，也有两种形式：一是整体都由玉料制作，半圆形，上端为梳柄，下端为梳齿，它与前期玉梳比较，区别在于加宽了齿的宽度和缩短了齿的长度，从而更方便实用。另一式也如前述玉簪的新产品一样，即一部分为玉质，另一部分为金属等质，玉质作梳柄（又名梳背），金属质作齿并且多已失散。唐代玉镯很罕见，所见一对出土物，系由三段玉质扁弧形或璜形器再用黄金包嵌为一器。

（三）数量突增的唐代玉带与玉实用器皿

据文献记载，玉带之用始自南北朝，但早期实物只有前述陕西北朝时期墓葬中出土的一件。及至唐代，玉带之用十分普遍，凡二品以上官员皆可使用，并以其带板件数的多少、上饰纹图的差异，分别代表不同的官阶品位和文武任职。其中帝王为最上等，多以龙纹为饰且一般带板件数最多。唐代出土玉带上的革鞓（即皮质带）已腐朽无存，今所见均为玉带上嵌缀的带板，数量相当可观，仅陕西省西安市何家村一处窖藏中就发现数套。从当时玉带板制品看，每条玉带上的带板确有大小、件数之别和饰纹的不同，最多者达16件套，形式有扁平的长方形或正方形、半月形和圆首圭形三种。其上饰纹有龙纹、花果纹、动物纹、人物纹等。在人物纹中又以所谓"胡人纹"最多。其带板多以背面的若干对隧孔供与革鞓结扎用，亦见用铆钉通过正背对穿孔直接与皮带钉插加固定。

唐代玉制实用器皿除玉杯外，还有玉勺、玉盘、玉盒和玉罐等。其中又以玉杯数量最多，其形式也新颖多变，见者有莲花形、云形、椭圆形、瓜果形等。

（四）唐代玉器中的人神仙佛形象

唐代玉器中的人神仙佛器及饰纹，也进入了一个全新的发展和变化期，其形式之多为前所未见，有着宽衣博袖的文人士大夫、头戴乌纱帽的官吏、衣着华丽美妙的仙女、长髯无冠的老人或道士、与汉族人形殊别的所谓"胡人"和具浓厚佛教色彩的飞天等。其中尤以唐代独有的"胡人"最引人注目，其形态具有动感，多作无冠卷发，深目高鼻，穿紧身窄袖长衣，足着长筒靴，或翩跹起舞，或手执珍奇异宝作跪地敬献状，或弹打各式乐器作伴奏状，或作玩耍动物和戏演杂技状。它反映了当时中国与西域文化交流和人员来往的繁荣昌盛景象。唐代玉器上的动物造型也突然增多，除传统的龙、凤、螭外，更有一些写实性很强并具有某种吉祥寓意和为推崇伦理道德服务的动物出现。见者有狮子、鹿、象、鹤、雁、鸳鸯、孔雀、寿带鸟等。其中狮子、孔雀两种为玉器中首次出现，所见鹿角多为"珍珠盘"形(即成熟的鹿角剪下后新长出的幼角的一种专有名)，鹤、雁等鸟造型为成对相向、展翅飞翔。

（五）玉器上首次出现的植物纹图

唐代玉器上的植物纹图，为首次以写实形式在玉器上的展现，并与前述的动物纹图相似，具有某种含义。常见的有蔓草、缠枝莲、牡丹、石榴和葡萄等花果。它们或单独组纹，或与其他动物复合组图。唐代花果植物在玉器上的首次出现是当时玉器的创举，为以后玉器的多彩多姿提供了更为开阔的自然景物纹图而载入玉器史册。

唐代玉器的制作和刻纹的表现手法在局部上也有很大的变化发展。其中以整个图案隐起（又称挖地或剔地阳纹），再在其上加阴线，所饰阴线用一道砣线完成者多，呈平行或放射短条状，细密而富时代特征，凡植物的花叶脉络、动物的毛发、人物的衣纹等皆一目了然。至于云纹则一改常态，均以花朵形表现，并有尖长尾附于花朵状云头之后部。玉带板之形，四周边从正面到底面向外斜坡而下，结果是正面的面积小，背面的面积大，具有典型的时代特征。

（六）五代玉器中的重要品类

五代是中国历史上又一个时间较短、社会动乱的时代，当时的玉器也处于另一个衰败期。五代时期的玉器在局部地区也仍有或多或少的发现，其中较重要的发现有南京市的南唐二陵出土玉器、四川省成都市前蜀王建墓出土的玉器等。所见品种有玉龙纹带、玉飞天纹残器、玉哀册和玉组佩等。其中龙纹玉带的一块带板背面有一条阴刻铭文记述了它的制造情况，对玉器的断代、玉带的发展演变史的研究有着重要的参考价值。玉飞天纹残器是迄今所知时代最早的以飞天形象琢饰的出土玉器。数十件玉哀册不仅是当时重要文字资料出土珍品，而且阴刻铭文上有填金，数量颇多，为已知时代最早的墓中出土者，对当时历史和文字体形的研究尤为珍贵难得，在玉器发展史中也占有重要的地位。南唐二陵出土的玉铲形佩也可能是组佩最下层之一件，其形始见于魏晋南北朝，唐代一直沿用。其在南唐墓中发现，或可说明此类组佩在五代时仍在使用。

十三、"图必有意，意必吉祥"的宋、辽、金、元玉器

（一）玉器制作上的新成就

宋代，分为北宋和南宋，又称"两宋"，年代为公元960年至1279年。与此同时，在北方还有与

北宋时代相当的辽、与南宋分权对立的金。元是在灭亡金和南宋后由蒙古族建立的统一大帝国，存在时间一百余年。这几个王朝的玉器大体相同，原因是它们之间有前后继承关系，又曾同时并存，互有来往，出土文物中可区分为它们各自制作的玉器也甚少，很难区分它们之间的不同风格，故此处把它们合为一个时期加以论述。

此期所用玉料，除少数民族建立的政权地区间有杂质料(即非昆仑山系或有可能外国产玉料)发现外，基本上都用和田玉。如北京市、内蒙古自治区和黑龙江省等地出土的此期玉器，多以和田玉制作。

此期玉器制作，基本上是其前期的继承，但在某些方面，特别是在制玉技术方面则有重大的突破。最引人注意的是首创了多层镂雕和立体镂雕法。所谓多层镂雕，是指其镂雕玉器的纹图由过去的单层发展为两层或两层以上的一种琢玉技法。其镂纹效果有观赏绘画时层次分明的远近透视感，使景物更为丰富和真实。所谓立体镂雕，是指镂雕后的图景，不仅层次更多，且在器物的周围均可观看。它既可以减轻器物的重量，且有使景物更清晰明快的立体感。这种技法的创造和在玉器上的广泛应用，无疑是玉器发展史上具有划时代意义的，为赏鉴此期玉器开拓了更为宽广的视野。

在玉器史上，早在殷商时期曾见利用一块玉料上不同的颜色作俏色器。在两汉时，又出现了有意保留玉璞皮原杂色为器物，而给人一种古色感。及至此期，这种方法大量加以使用，并形成此期玉器中又一景观而给人留下深刻的印象。此外，当时有大批立体器皿和超重级大型玉器的制作，如金元时期，就有重达数千公斤的大玉瓮制成，这标志着当时玉器制作水平有空前的提高。

（二）继承发展中的玉器品种

宋、辽、金、元玉器的品种也与隋唐时相同，主流仍然是佩玩器和实用器皿两大类。但具体某类的个别品种仍在发生变化，其中有的消失，有的以新形式出现。如玉簪中的双股叉，宋元时仍有制作，但唐代盛行的玉梳则罕见，它很可能已完全由金属或竹木梳代替而消失。玉带板至此期仍大量出现，其外形除半月形一种未见外，其他如圆首圭形(又名砣尾或獭尾)、长方形或正方者仍如唐代物。器下端有一块玉制的半圆形环(用于佩挂随身需带的生活用具)，即通常称为"鞢韃"带的玉器，承其前制亦有所见。至于玉带板与革带扎结的结构，除前期用背面的隧孔穿插金属(或丝织)线结扎一式外，亦见其两侧对穿一长方孔，供革带直接穿入孔中挂结的形式。此外，隋唐少见的玉带钩和玉绦环带饰，又重新出现或以新的形式出现。玉带钩中，还有一种由环和带钩两器组合在一起使用者。玉绦环多出现在元代，由三个可相互套接的玉器组成，其使用一直延续到清代。另一种带饰是正面多层镂雕纹图且略弧凸，底部内凹并有一圈随形的圆环和对穿隧孔者，亦为新创，且数量很多。

玉制实用器皿中的玉杯，除唐代流行的椭圆形、云形杯未见外，其他如花果形、有耳(柄)形仍能见。新出的则有双耳器、多角形和动物形杯等，其形式更是变化多样，并成为此类器的主流。此期也出现一些新型的立体器皿，见者有碗、洗、炉、尊、卤等。以古玉器和青铜器为本摹做的仿古玉器皿也开始出现，并为明清大量出现仿古玉器开创了先例。与此同时，上述玉器或其他质地的玉制附件也先后以全新的面貌出现。其中最常见的有今俗称为玉炉顶(一说帽顶)者，作圆柱状，上端微弧圆，下端底部内凹并有隧孔可供与炉盖(或冠帽顶)结缀用，为减轻重量，此类器均立体镂雕，其上有当时流行的图案饰纹。它们的出现，亦给此期玉器增添了不少光辉。

（三）"图必有意，意必吉祥"的玉器纹饰题材

此期玉器上的饰纹，凡此前已有的各种动植物纹图都存在。新出现的尚有日、月、星、云雷(又名回纹)、墙格纹等。人神仙佛题材中，除飞天、长者、道士、仙女常见外，还大量制作手持各种器物的玩耍童子形器。唐代以前的各种纹图并不能完全识别其含义，隋唐时期玉器饰纹开始赋予某种吉祥寓意，而此期的所有纹图都具有"图必有意，意必吉祥"的普遍性。它们中有的以单一纹图为某种吉意图，有的则以两种或多种纹样组成一个或多个吉意图。如松、竹、梅、灵芝、鹤、龟、山、水、日、月表示长寿，鹿表禄，童子表福和喜庆，牡丹表富贵等；莲花与童子组合，则寓意"连生贵子"；莲

花与鱼组合，寓意"连年有余"；很多长寿纹与竹子组合，寓意"群仙祝寿"；鹤、鹿与梧桐树组合则寓意"鹤鹿同春"等等。总之，此期玉器及其上的纹饰图案，表面看来是平时见到的山河日月、花草树木和鸟兽鱼虫等，但细加观察，可以说处处皆有某种吉祥寓意，其中心无非是恭喜发财、多福多子和官运亨通等。不难看出，古代用玉推崇首德次符，及至此期则完全反过来，首"德"已降为次要地位，而其上的饰纹（"符"的内容之一）有无意义则成了人们崇尚玉器的首要选择条件。

此期玉器除上述变化外，玉器的占有者也略有变化，除了帝王拥有主要的玉器外，一些有钱有势的地主、商人和文人士大夫也开始占有一部分玉器。上述吉祥含义在玉器上的表现，很大一部分就是为后一部分人服务的。这种官民可以同享玉器之风也许就是中国玉器能长盛不衰的原因之一。

十四、复古与变革同时并举的明代玉器

（一）明代玉器品种与风格

明代玉器在继承传统的基础上有所发展，在时代风格上也有许多新的变化。

由于国家的统一，社会相对安定，新疆和田等地与内地交通复又畅通，物质交流频繁，故明代用和田玉为器较以往任何一个时代都更为重视，在最高层统治者选用玉料方面表现得最为突出。正如明晚期宋应星著《天工开物》一书所载，其用料"凡贵重用者，尽出于田、葱岭"（按：于田即和田，葱岭即昆仑山一脉）。这种情况亦可从当时遗留的实物得到证实。如江苏省南京市明早期汪兴祖墓、山东省明朱檀墓和北京市明万历帝定陵等出土的玉器中，绝大多数都是和田玉。这与此前几个少数民族政权时期的玉器常用杂玉料的情况有明显的不同。

明代玉器的另一个重大变化是因为当时统治者提倡"法先王"而大量制作与《周礼》记述有关的玉器，故曾经一度衰落和消失的玉器如玉璧、玉琮、玉圭、玉磬、玉成组佩和其他仿商周青铜器和玉器而作的玉器又以新的面貌出现。但此期新出现的仿古或复古玉器，大多是据文献资料或后人想像而制作，故所仿玉器往往造型相似而其上饰纹则完全不同。如玉圭，此期大多有饰纹，这与前期玉圭几乎光素无纹者完全不同。又如此期的成组玉佩，均由五串四层加珠管组成，而无典型的玉璜、玉冲牙等组串其间，给人留有一种有其式而无其形之感。

明代玉器风格较为突出的有如下几方面：一是镂雕的层次大多以两层的形式出现，一般是上层为主体纹饰，下层是衬托突出主纹的锦地纹；二是惯用浅浮雕手法来表现，即使铭文诗词也不例外；三是凡镂雕而成的饰纹，一般在镂空处有工艺较粗感；四是凡外露于表的平素处，如带板之四边或光素无纹处的平面，皆用极细的质料磨亮，结果便留下晶莹的玻璃光泽感；五是大多数玉器，特别是立体实用器皿等，有胎薄体轻之感，这与此前及其后清乾隆时玉器多厚重浑圆形成鲜明的对比；六是制作目纹惯用管钻琢制，故目形留有圆圈纹，而剔地时惯用实心钻琢取，故地子上留有"麻地"。

明代玉器中，新出现的品种有玉执壶、玉花插、玉观音、玉寿星、玉弥勒、玉罗汉等。此外，即使那些此前已有的玉器，在造型和形式上也有很大的变化。如玉杯一种，就有前所未见的"英雄"杯（即有鹰和熊的图纹的杯）、双耳杯、合卺杯、桃式杯、斗式杯、花形杯、乳钉纹杯和托杯等。又如玉杯上的柄（或耳）形，此前多用龙，而此期则多用螭、人、花果、灵芝、云形等为饰。其他如玉带上的带板，由以往块数不定变为定规的二十块，也给人留下深刻印象。

（二）玉器上的纹图与铭款

明代玉器的饰纹，此前已有的，包括汉唐以前或更早的一些饰纹，多被继承下来，然其含义，则多自宋元以后一脉相承而来，即亦利用某种物体的特性、物名与吉祥物的同音和谐音等来表示人们向往的伦理道德和祈求福、禄、寿等愿望。此期新出现的饰纹多以人神、仙、佛表现，并往往有故事情

节加以渲染，见者有"麻姑献寿"、"刘海戏蟾"、"五子登科"、"麒麟送子"、"走马观花"、"走马上任"、"鱼龙变化"或"跳龙门"、"八仙"、"太白醉酒"、"羲之爱鹅"、"蕃人进宝"、"鹿乳奉亲"、"连生贵子"等。值得指出的是，明代玉器所用饰纹，总的来看，在早晚两期中略有不同，原则上是早期饰纹以传统流行的龙、凤、螭和花果树木为主，而晚期，则多道教题材，原因是晚期的嘉靖、万历朝两帝，皆信奉道教，凡迎合"延年益寿"、"长命成仙"之纹图，皆在玉器上无所不有地表现，常见者有寿星、八仙、松、鹤、灵芝、多种"寿"字的变体字和以寿为内容的诗词等。

明代玉器中，首次发现许多用诗词铭记等琢饰在玉器上。其诗词有前人绝句，也有时兴新咏，内容有描述山色风光并与图案相辅相成者，亦有崇尚寿、昌、福、禄者。其字体有篆、隶和行书三种，除个别用阴刻外，绝大多数则以剔地阳纹法书刻。

（三）琢玉名匠陆子刚

明代玉器中，首次出现有作者琢刻姓名的器物。据文献和野史记述，明代琢玉名匠有许多人，但今所见在玉器上留有姓名者仅陆子刚一人。陆子刚，明嘉靖、万历时人，原籍江苏省太仓州(今江苏省太仓县)，后移居苏州市专诸巷专攻琢玉。其所琢玉器颇有文人气质，凡仿古彝器、时尚雅品皆得心应手，在当时已是一位"可与士大夫匹敌"和"抗礼"之名家。陆子刚由于名气大，其琢刻玉器售价在当时就超出凡器数十倍，故伪托其名的假作历久不衰。然经笔者鉴定，真品确有数件传世，其中一件为出土的白玉杯，现藏北京市首都博物馆。另有数件现藏北京故宫博物院。根据存世玉器实物，结合文献资料分析，这些玉器具有如下一些特点：一是作品皆用新疆和田等地产玉制作，但所用玉料并不是如一些人所说"非好玉不作"，而是有一些是用昆仑山产的山料玉而为；二是作品多为实用艺术品，计有杯、花插、印盒、执壶等，惯用古朴典雅之形，罕见佩玩俗气之物，今所见所谓"子刚"款，多为伪品；三是其作品皆与同期物主体风格相似，款铭见者有陆子刚、子冈、子刚三式，刻琢有阴文、阳文两种，并用篆、隶、行书表现；五是款刻喜在隐处或暗处，一般出现在耳部或柄之下部、器盖内或底部等，若不留意，便易疏忽而不被发现。

（四）仿古与伪古玉器的兴盛

据史书记载，仿古、伪古玉器的出现始自宋代，但宋代的仿、伪玉器至今仍无实物证据，只是元代出土物中才有一二件发现。因此，明以前此类玉器的详细情况和真实面貌是不清楚的。及至明代，特别是明后期，随着商品经济的萌芽和发展(有的史学家称其时有资本主义萌芽)，民间藏玉和文人士大夫崇尚"古色古香"之风兴盛，故仿古、伪古之玉器突然增多，它不仅在文献资料中每有所见，且有甚多制品留存至今。从现有的藏品和有关地志野史记述情况看，此期伪古玉器有如下的明显特征。一是仿品有玉礼器、玉具剑饰物和仿青铜彝器等物；二是所仿玉器大多用蒸、煮、土埋等人工速成法伪作长期埋入土中之沁色，世之所谓"血沁"、"生坑"、"熟坑"、"满浸"者很大一部分可能就是此期的伪品；三是所用玉料除帝王用品外，皆多不精，或用杂玉，或以石代玉，一般多以伪作古沁色以掩盖其质，鉴者要详加注意；四是伪作之工艺、造型、纹饰均不精巧，它给人一种似像不像，似是而非，或"四不像"之感，人们只要熟悉历代古玉真品的特点，一般都能识别其"庐山真面目"。

十五、风格各异的清代早期、中期和晚期玉器

（一）清早期玉器衰落及其原因

从总的情况看，清代玉器可以分为三个发展阶段。一是从顺治到雍正时期，为清早期；二是从乾隆至嘉庆时期，为清中期；三是从道光至宣统时期，为清晚期。

清早期玉器是明晚期到清中期玉器的过渡期，也可以说是一个相对衰落期。其特点是玉器品种和

数量很少，也没有新的发展和特色。从故宫博物院清宫旧藏清早期玉器看，除有数件雍正时期刻款玉器外，其他玉器因无年款而很难断定或总结出它们与明代玉器有何差别。此外，从北京小西天一处清初墓出土二十余件玉器分析，除一两件似可定为墓主埋葬时制作者外，其他玉器则或为明代物，或为明以前物。这也从一个侧面证实，清代早期的玉器是很少的，即使有的话，它或为前期的遗留品，或是继承明代遗风制作，而无自己新的特征。

造成清早期玉器有上述情况的原因主要有如下几方面。首先，清朝的政权是地处东北地区的满族人为主建立的，该少数民族在建立政权前，注重军事，对玉器的制作和使用并不如汉民族那样爱好，或当时该地作玉器的客观条件不成熟。满族人入关建立政权时，急需用的礼仪玉器，只能利用旧玉料，制作者也是明末留下的玉匠，这是当时玉器并无新成就和新特色的主、客观原因。其次，清初期政权建立不久，经济因长期战乱而有所破坏，尚未完全恢复，故对费时费力方可制成的玉器，就只能是心有余而力不足了。第三，是清早期的几个皇帝，均不甚喜好玉器，并多次强调节俭立国，这也许就是玉器制作甚少的主观原因。最后，是当时主要产玉地的新疆和田一带，尚未完全统一在清王朝管辖之下，并时有分裂割据的叛乱活动，该地玉料进入内地必定受阻，当然也就无法多产玉器了。

（二）登峰造极的乾隆朝玉器

清中期，特别是清乾隆朝，随着国力的强盛，新疆和田等地的分裂割据和叛乱得到平定，玉料的来源有了保证；人称"文人天子"的清乾隆帝弘历对玉器的爱好和大力倡导，促成了当时玉器进入又一个繁荣和昌盛期，并逐步走向中国玉器史上的最高峰。综观当时的玉器，有如下几点显著特征。

首先是所用玉料几乎全用昆仑山优质品，既有山料，又有水产的所谓"籽玉"，其色有白、青、碧、黄、墨五色。玉器的制作达到空前的水平，大至万余斤重的"大禹治水图玉山"，小至玲珑剔透的佩玩，无所不能作。所留遗品，包括世所罕见的珍品数量十分可观，仅北京故宫博物院一处藏品就有数万件。

清中期玉器，从清宫档案看，无论大小制品，皆以重量和按质计价，故玉器除特殊品（如仿痕都斯坦玉器）外，一般都有厚重浑圆之感。玉的纹图多以较高的浮雕琢饰，一般并无繁复之感，具简朴无华之美，将纹图琢成后不再做进一步磨润浮凸的纹道和枝条等，若用手摸其浮凸处则有轻微割手或挡手之感，这与明代玉器的浮雕纹图多平滑圆润的情况形成鲜明的对比。玉器之饰纹线条之外，凡其间的空地处，极讲究磨琢平润之质感美，这与前述浮凸线边际有割手或挡手感形成明显的反差。清中期玉器有相当一部分刻有年号款识和帝王自己拟作的诗词，由玉匠刻于玉器上。字体以楷书和隶书为主，少量用篆书，未见用草书或行书。款铭有"大清乾隆（或嘉庆，下同）年制"、"乾隆年造"、"乾隆仿古"、"乾隆御玩（赏）"等，有的还刻有乾隆帝私印铭，如"古希天子"、"八徵耄念"等。所作诗句，有五言和七言两种，从数句至数十句不等，这不仅可以说是有史以来的首见，而且为当时玉器的断代提供了绝对可信的依据。

清中期玉器品种很多：一是仿古器，凡古代的玉器、青铜器和陶瓷器等皆为摹做的对象；二是生活实用品；三为文房用具或陈设；四为礼仪音乐器；五为佩玩鉴赏品等。故其时玉器可谓集古今之大成，闻名于天下。此期玉器的纹图内容和形式包罗古今万象，凡花鸟虫鱼、飞禽走兽、天地物象、人神仙佛无所不见。帝王后妃用品尤以龙、凤、螭、兽面最盛行。而民间之物，则以宋元以来流行的吉祥纹样多见，一批有文人故事情节的饰纹和反映农夫、渔民之饰更为新颖突出，其用意明显的有歌功颂德、美化太平盛世的目的。值得指出的是，清中期玉器的种种情况和变化，完全是围绕帝王意志而作，其中突出清乾隆帝弘历的意志甚为明显。为此，清中期玉器是今天了解清帝衣食住行、生活爱好及清代政治、经济和文化的重要物质资料。

（三）俗不可耐的清晚期玉器

随着列强对中国的入侵，社会经济倒退，清晚期玉器也发生新的变化。一方面帝王后妃用玉从数量品种到制作水平都有今不如昔之感；另一方面，为适应民间市场商品需要，特别是为满足国际收藏者需要的制品则又步入新的阶段，凡佩玩、仿古、伪古之品则又如火如荼地兴旺发达起来。但就后者而言，它也和帝宫用物相似，精品寥寥，从造型到题材内容都有俗不可耐之味，以露骨方式来表示恭喜发财、多子多孙、平安太平和福禄寿喜等来满足人之欲望。更有一些以石代玉，以次充好的仿古、伪古品行市，其基本情况与明晚期同类作品的面貌相似。这实在是玉器发展史中最不光彩和为人痛惜的一页，并对其后玉器产生重大影响。

十六、古玉的收藏

（一）当今收藏品的来源

古玉收藏分为国家收藏和私人收藏两类，玉器的来源主要是从如下几个方面获得：一是家藏或博物馆旧藏遗留；二是新近出土品；三是有关个人或单位的拨交、捐赠、转让和交换而得；四是从社会个人手中或市场收购而来；五是其他方面，如走私缴获、海关没收等。

以上五种来源中，第二和第五种来源主要指国家的博物馆而言，因为国家文物法规定，凡地下发掘品都是国家所有，都要交给国家；国家查收的文物也应归国家所有，如若出卖，一定要经过国家有关部门批准。

（二）收藏品的整理

玉器收入后，重要的一步是将各种玉器进行辨伪、断代和定级。玉器的断代，可按上述几个方面去进行。凡有具体文化的，如良渚文化、二里头文化等，都可具体定在某个文化。若不能具体定为某个文化的史前玉器，可用旧石器时代或新石器时代定断。夏商及其后玉器一般将其定为西周、战国等各代即可。当然，如果鉴定能力达到一定程度的话，也可将上述各文化或各代玉器再详细定为早、中、晚三期，如西汉早期、中期、晚期等。又若有年款或可认出其为某代王朝的，也可更具体些，如定为明万历、清乾隆五十二年等等。总之，不能详细的，有个大概朝代或文化即可，若能把年代详细定出的，则越具体越好。

断代和辨伪有时可同时进行，但它们是有不同内容的。断代是确定某件玉器的年代，但有些玉器是后人仿作的，如宋代、清代都可以仿作前期的玉器，而且仿造得真假难分。对这种情况就必须跳出断代方法之外去进一步识别其伪或仿作。识别的方法有的可用断代的方法去解决，但更主要的应从玉质、制作工艺和手法去进行，因为即使玉器的造型、纹饰可仿造得以假乱真，但由于不同时期生产力发展水平和所用工具的质地各不相同，如红山文化使用的玉质不可能出现在良渚文化玉器上，青铜器具制作的玉器不可能与现代机器时代制作的玉器相混同，人们从这些方面去入手，一般是能识别其庐山真面目的。

定级的名称和种类在不同的国家有不同的情况，如在日本国，把最好的文物定为国宝。中国的文物则有两种：凡不可移动的文物，如长城、故宫等，可定为全国重点文物保护单位，或省、市、县重点文物保护单位；而可移动文物，包括古玉器等，则用一级、二级、三级和资料(或又称等外)四个等级划分。有的单位，如故宫博物院，又将各级再分为甲、乙、丙等，这样定的级，便有一级甲、三级乙等，而资料又可分为保留和处理两等，保留者虽属资料，但一般不能卖出国外。

玉器定级的标准原则上由以下几方面确定：即视玉质的好次、年代的远近、工艺的粗精、艺术价值的高低、器物的损坏和残破程度、是否出土品、同种器物中所存数量等情况决定。玉质，以新疆和田等地玉为珍贵。而同为和田等地优质玉，又以墨玉、黄玉和羊脂白玉最珍。以器物的多少而论，当然是孤品级别高。

以上定级的各个条件，对一件具体的玉器而言，要全面考虑，若各个方面都很优秀，则此器一般应定为一级品，甚至一级甲。当然在特别情况下，如一件玉器的各个条件都一般，但它具有重要的历史价值和艺术价值，或所见只有一件，也不是不能定为一级的。对待等外的玉器，若为上线文物，即时代在清乾隆或更早的玉器，即使是资料也要保存。若为线下文物，除特殊情况或有一定价值，或可作参考品之外，一般可处理给有关单位。

（三）收藏品的存放

玉器的造册登记，即玉器收进的流水账，一般包括登记号、文物号、年代、级别、名称、尺寸和来源等内容。各件玉器按件登记，按顺序合装成册。与所有的文物藏品一样，每件玉器藏品，都要建立文物登记卡。相当于文物的"身份证"，以便于检索和了解该件文物的基本情况。制卡要求一件文物一个卡，其内容除上述各项外，还应有器物的重量、简述、存放的方位、实物照片和铭文等内容。藏品登记册应一式两份，一份在库房，一份在库房以外的办公室。文物卡也一式两份，一在库房，一在办公室，其存放与造册不同的是按文物的顺序号而不是按登记号存放。上述册、卡各项内容有以下要求。

玉器的登记号，是指其进入收藏者手中的先后号，如最早一件可为1号，以下按入藏时间先后依次编号登记。藏品如有分类，则应分类造册，另编分类号，每类一册。

玉器的定名，一般由质色、制作方法、纹饰图案和造型用途四个方面组成。质地可用玉或某色玉称号，如白玉、黄玉等；制作方法可用线刻、圆雕、浮雕、镂雕等表示；饰纹可具体也可概括，具体的如观音、鹦鹉或牡丹花纹等，概括的如山水、人物、鸟、兽、鱼、虫纹等；器物造型用途如佩、觚、圭、璧等。有些情况下，如没有饰纹的光素作品，或者用多种工艺和多种饰纹制作的玉器，则可取消第二项和第三项内容，或用主要工艺和主要饰纹表示；但质地、造型用途两项在任何情况下都不能缺少。也就是说，玉器定名既有一定的规律格式，又有繁简之分。如一件用墨玉制作的笔筒，既使用了线刻，也用浮雕和镂雕工艺，而其饰纹有人物，也有山水和鸟、兽、虫、鱼等，那么，这件玉器的定名，若详细点，可称墨玉镂雕山水人物纹笔筒，若简单点，可写玉镂雕笔筒或玉人物纹笔筒，甚至可以更简单地定名为玉笔筒。

玉器的尺寸，若扁平器，用长、宽(直径)、厚表示，若立体器可用高、宽(或口径)和深(厚)表示，若由两件(如盖和器)组成的器物，则可用通高、通宽表示。所有尺寸单位，均通用厘米。

仅从器物名称还不能全面概括器物的特征，所以还必须以简洁的文字描述其各方面特征，例如质料、造型、纹饰、制作工艺、铭文款式等。如有条件，也可考证其年代或注明经某某鉴定、某年某地出土等。

为了显示器物的局部饰纹结构或细部，可从器物的不同角度拍摄，或附有拓片和摹绘图。

总之，制卡的目的是为使用方便，使用者只要看了卡片就可知某器的基本情况。有条件的单位和个人，还可以将卡片内容存入电脑中，目的是达到取用的快、简和方便，甚至不看实物也可了解玉器的概貌。

（四）贮存保护古玉的注意事项

玉器的贮藏保护对所有收藏者来说是最重要的一环。收藏者首先要了解玉器的特性。玉器虽是天然矿石制品，但它是一种珍贵之物，常言说"黄金有价玉无价"，即可知其珍贵程度非同一般。玉虽坚硬，但其质很脆，落地极容易碎裂。此外，玉料还怕火、水、酸、碱等物质的浸蚀和破坏，如有的出土古玉，因在土中长期的浸蚀而变质，甚者如同石灰或石膏，用手一摸即可脱皮。

鉴于玉器和玉料有以上的特性，故为保护收藏好玉器，必须注意如下几点：

一是必须为每件玉器按其大小形状制作一个外表较坚实而内部较松软的匣子盛装,除要展览和观看外，一般不轻易从盒中取出，以免因碰撞而损坏。使用人最好要戴软手套和口罩。

二是存放玉器的场所要有防盗、防火、防水、防震的设备，尤以防盗、防火最重要。

三是库房要有专人保护和检查，出入库要做登记，万一损坏也要详细记录说明，但千万不要轻易粘贴修复。

（五）古玉收藏的现况

在二十年前的中国内地，古代玉器主要是由国家的博物馆收藏，私人拥有者甚少。私人收藏的古玉器若要出售也只有国家的博物馆或国营的文物商店等才能收购。近二十年以来，随着改革开放政策的不断完善，国民收入的增加，市场经济的发展，民间收藏活动逐年升温。民间收藏古玉者大有人在，且不惜以高价购得。收藏古玉的目的，或为积累财富，或出于个人的爱好，或作礼品赠送等。这种情况与世界各地的情况是相似的。值得注意的是，在国外，在中国的港、台地区或其他华人居住区，由于来源有局限性，或收藏者的鉴定水平不高，对有关古玉的知识一知半解，市场上许多所谓的"走私品"实为假货，结果，大多数上当受骗，所买古玉皆为赝品。

上述内地地区以外的古玉收藏者中，多盛行收藏"高古"品，即唐以前玉器。而对于所购藏品，又喜欢五颜六色、人云亦云和神乎其神的"沁色"，即所谓"水银沁"、"血沁"等，并视之为美的首要条件。结果许多人把那些表面有假造五颜六色、甚至用次玉(石)所作，外表有"满沁"色者当作高古品收藏和买卖。的确，"高古"者多有出土沁色是真，但前面所称的"高古"品绝大多数是伪古品。对此，笔者在港、台观赏古玉时，常常发现这种情况而深有感触，收藏者所交"学费"之多令人吃惊。当然，一些高明的藏玉者，买得甚多真品也确有人在，但多束于高阁而不为人知。

大陆私人藏玉的情况，虽与上述情况近似，但就真正藏玉者和国家主管的部门而言，是较稳重的。这与国内现实情况有关。如价格，以往凡高价者，多不能出手，因为有经济实力者只是少数。又如法规，国内的规定很严格，对从事非法活动者处罚也很严厉，藏者一听走私物，是很少有人问津的。再如鉴定，国内常有权威学者和专家进行古玉知识培训和讲学，加之有大量实物，包括众多的出土品为资料，故收藏者鉴定能力较强，上当受骗者少，"鱼目"很难"混珠"。这种情况的最好验证是在国内的古董市场上，人们发现，假物的确充斥市场，约占90%以上，但买者则多是那些对中国古玉知之甚少的外国人和海外华人、华侨。

十七、古玉断代与辨伪

中国玉器已走过了近万年的历史，其间遗物数以万计。这些玉器，包括遗址和墓葬的出土品及传世品。当今首要的工作是对它们进行妥善保护和研究，中国古玉器中，自宋代始，便出现一大批仿其前各代的伪品，这给玉器的研究、断代工作造成一定的困难。因此，收藏和研究古代玉器首先要掌握古玉辨伪的知识和方法。否则，古玉的研究、保管、断代和鉴赏等就有可能失误，或得出不正确的结论。

对古玉的辨伪问题，笔者作过长期的研究，得出一些识别"庐山真面目"的经验和科学的方法，在此，向读者谈谈认识和体会，望能"抛砖引玉"。

（一）玉器的品质与断代真伪

"玉不琢，不成器"，是比喻人才培养非一日之功所能达到的。但从中也反映出古代制作玉器时之艰难及选玉的标准，即玉料不能用雕刻或铸造成器，而是要"如切如磋，如琢如磨"地慢慢成器。反过来说，凡是可用当时最坚硬的器物，如新石器晚期的竹、硬木、骨、角等，青铜时代的青铜，铁器时代的铁或钢等刻划者，就一定时期而言，是不能称其为玉料的。一般来说，青铜比竹、硬木、骨、角等材料硬度大些，而钢铁又比青铜的硬度大些，因此，竹、木、骨、角等材料刻划不动者，到青铜时代就可用青铜器划动；用青铜器划不动者，至铁器时代又可用钢铁刻动。这也就是说，随着历史的发展、生产力的提高，人们造玉所选的玉料硬度是不同的。其总的发展规律是制作玉器时要用越来越硬的玉料，而其限度又是一定的，即最低硬度的玉料是用竹、硬木等刻不动的，而最高硬度的玉料是钢刻不动而用解玉砂可以磨琢者。按现代科学的测量法计，其硬度在摩氏矿古硬度计的4.5至6.5度间的矿石方可为玉料。此外，史实也告诉我们，随着社会的进步，交通运输的发展，所用玉料不仅硬度不同，且其产地、范围也在变化。其总的规律是来源由多至少，范围由大变小，由近至远。如原始社会时期，各文化的玉料是就地取材，几乎全国各地都有玉料可用。自商以后，扩展到全国范围。汉唐以后，把新疆昆仑一带的玉料认为是标准玉，而其他各种玉，或降为次玉，或被淘汰。

鉴于上述情况和原因，故鉴定古玉真伪，首要一点是观察或测定它们是否为真玉和是否用当时开采的玉料制作。如在原始社会，视其是否为该文化惯用的玉料。如红山文化玉器惯用属于辽宁省宽甸县的"老岫岩玉"，或岫岩县的"岫岩玉"（两者皆为岫岩玉，前者的硬度较高，后者较低）；良渚文化玉料在十多年前不知其性质和产地，今据调查，是惯用产于江苏省溧阳小梅岭一带的矿石（有人测定为闪石的一种）；陕西龙山时代客省庄文化玉料，有一种产于甘肃的较次透闪石，一种偏黑者似产于甘肃省祁连山地的祁连玉；台湾卑南文化玉料是产自花莲县的岫玉等。商至春秋时期玉料，原则上前面各文化用过的玉料大多仍采用，增加者有硬度较高的"独山玉"、"密玉"和新疆地区的"软玉"（又称昆仑玉或和田玉）。战国以后，主要的玉料是"昆仑山系玉"，几乎占了90%。而其他玉料则降为次玉或不用它作器。及至唐代始，除个别王朝或各王朝末年及伪仿玉器用料较杂外，几乎都是用"软玉"而为。其中伪仿之玉器，早期也有用"软玉"的，其后的明末、清末至民国，及最近几十年间伪造玉器兴盛期之用料，多用岫玉（蛇纹石）或"独山玉"而为。凡此可知，人们若能了解或熟悉上述情况，辨识伪玉器的能力会提高很快。

（二）玉器上的制作遗痕与辨伪

不同时期的玉器，是不同时期生产力发展水平的反映。其在玉器上的具体表现，是各代玉器上留下的琢磨痕迹。

新石器时代，是用竹、硬木、骨、角工具或皮革带动解玉砂去磨玉器，也有人考证当时曾有用鲨鱼牙直接去刻玉器饰纹的。其制作玉器及琢刻纹图的方法，有的用硬具直接在玉器上刻琢，有的用它们制成相关的器具带动解玉砂去切、磋、钻、磨玉器。结果其时之玉器，凡有钻孔者，皆是"喇叭状"（或呈马蹄形），且孔眼不甚正、孔径较大。若由两面穿透者则两端进口的孔径较大，孔内贯通处较小，并常出现穿孔未透时用器具击穿孔时留下的横隔痕，有的孔中尚残留由一个方向旋转穿孔时留下的"来福线"痕。又如开片时留下的痕迹，不论直线或弧线，皆间距较宽，且开片厚薄不均。又如饰纹，多是阴线，凡线条较细的，其直线的深浅和边距相等，可见它是用压尺压在所需饰纹的画线旁，用硬具在玉器上来回拉动刻划而成；而有弧度的弯曲线条，则是用硬具按所需饰纹一段一段连刻而成，故深浅边距不等，与前述直条线的痕迹形成鲜明的对比。

新石器时代的红山文化玉器饰纹中，某些较细的线条似用上述琢磨方法制作，而较粗的线条琢磨则有所不同。较粗的阴线（又称凹槽），是用圆首的硬工具带动解玉砂直接磨成，故凹槽宽且凹槽底呈弧圆状；较粗的阴线若用皮革等工具带动砂琢磨而成，则其在边缘处往往留有似刃刻划痕迹。

青铜器出现后，自夏商始，因金属可锻成薄片和砣具，故玉器上首次有砣痕出现。其特点是凡一道直线而成纹者，其砣琢的阴线是两端浅且细，越往中部则渐深且较粗，整条线如同细长的橄榄形或目形；长条线、弧线和圆圈线条是用多次砣线而成。因砣具不能弯，故砣成的弧线留下出界的叉道线或划道线纹。此期玉器的穿孔，因青铜较解玉砂软，故仍与新石器时代那样呈喇叭形，只是明显度略小而已。此外，此期玉器上的开片的台阶宽度较新石器时代玉器窄，孔径也较小，玉器较规整完美。凡此均与青铜器具用来磨琢玉器有密切关系并形成新的时代特点和风格。伪作此期玉器者，多不注意或不懂上述原理而露出作假面目。

中国铁器的发明似在西周晚期，但广泛用来制作玉器似在春秋晚期或战国早期。其依据是除前述当时大量用硬度最高的新疆和田玉琢器外，更重要的依据是此时所作玉器的穿孔，用肉眼观察时，已看不出有喇叭形的情况。原因是用铁或钢制的钻具，在带动解玉砂去琢磨孔眼时，因玉料、钢铁钻具和解玉砂三者的硬度相当，故钻具在钻孔过程中虽然磨损一些，但不明显而不为肉眼看到有喇叭形。此外，用钢铁能锻成更薄的片和砣子，故凡开片台阶缝更窄，有的仅0.1厘米，所钻孔更细且长和较直，所饰阴线更细，有的如头发丝那样，即今人所谓"发丝纹"那样细小。此外，随着生产力的发展和琢玉水平的提高，从宋代始出现多层镂雕及立体镂雕之器。从元代起，已能造数千斤重的大型玉件，所有这些玉器琢磨法的出现及其留下的痕迹，对今天鉴定古玉及辨伪具有重要的作用。而现今的伪品皆由现代化工具制成，要其与古玉器不出差别谈何容易。

（三）玉器上的颜色与断代辨伪

玉器之所以被人们喜爱和价格昂贵，原因之一，是与其有美丽的颜色有关。玉器上的颜色，不仅是玉器之美的表现，也是定级定价的重要条件和断代辨伪的主要依据之一。玉器的颜色是由以下几个原因形成的：一是玉料在其生成过程中形成的；二是玉料在地质变化或玉料迁移过程中第二次天然形成的；三是制成器物后，因年久风化或土中埋藏时浸蚀而成；四是人为形成的。

玉料本身在物化中形成的色，严格说来只有白、青、黄、碧、墨五色，化验表明，其成因与其含有不同的物质有关。以和田玉为例，原为无色的物体，只因含有铁等成分，又因含量多少不同，才使其颜色各异，深浅不同。最深者是墨玉，含铁量最大，其后依次是碧、青和白色。玉料本身之天然色，完美者表现在一块玉料上是较单纯的，但因局部含其他物质，故在主色以外，又会在大块玉料中原生的各籽玉之间，因接触带物质不同而形成质不纯、色不同之色带。这种杂色带有大有小，其色不一，很似断裂纹却并非断纹，俗称"绺纹"。凡此不纯之色，若作器者设计巧妙，充分利用天然色质，其所作器则每有"巧夺天工"之美。此法所作之器，俗称"俏色"器，其器亦可与上品媲美。上述俏色或在玉器上留皮色之器，在特定的某些朝代玉器上才有表现，伪作者若违反其规律，鉴者便有法识别。

玉料因地质变化，在离开原产地之后第二次形成之色，原因较复杂。其中重要的原因，是经长期的地质变化和雨水冲刷、土壤和气候环境影响等，结果有的大块的山料玉离开其原产地并冲裂为若干块籽玉，原附于其上石性较强的绺纹多被自然清除无存，有的又在其表面重新形成与玉料原色不同的皮色，或黄，或褐，或红不一。凡有此色者，一般质优价高。在若干个王朝中，如汉魏、两宋辽金和清乾隆三个时期惯于保留玉器表面，别有一番古色古雅之美。作伪者若不留心，随便利用，必被人识破天机。

玉器上第三种情况形成的色，成因更复杂，如传世品，即使没有一点别的风化和沁色，也有新和熟旧色之分，其中熟旧程度千差万别，伪仿是极其困难的。有的传世品过了几百年以后，在有绺纹的玉器上，绺纹处也出现风化受沁的杂色，其色几与土中埋藏形成的沁色相似，别有一番雅趣。至于出土的玉器，其上沁色和浸蚀程度更呈多样性，一种是经数千年埋藏后形成的鸡骨白色，其外表甚至整体呈白色粉末状；有的于外表局部接近某些物质处有沁色，其色有的只有一种，有的有数种；有的较优之玉或分子紧密的玉料，如和田玉或蛇纹石(岫玉)，往往仅在有绺或石性较强处才有沁色；有的因玉料或水土好等，即使入土几百年，乃至千年以上仍无沁色，若不亲眼目睹其出土，几乎不敢相信它为土中出品。

总之，上述诸种非玉质本身而是外界浸蚀、风化之色，情况各不相同，甚至在同一墓中的玉器，其色也没有一件相同的。造成这种情况的原因是与玉料品种、埋藏时间、地点、土质、遗址或墓葬中置放位置之不同及靠近某一件玉器的物质等不同有关，甚至与玉器在埋藏之前使用过的时间长短、是否第二次埋藏有关系。尽管有上述复杂的成因，但有一点是一致的，即它们是不同物质长期化学反应的结果，而且牢固在玉器上而不易脱落，这与下述人工作伪的沁色有着质的差别，鉴者若有一定的知识和经验是不难分辨的。

玉器人工仿伪色，迄今所见，似从明晚期开始。其惯用手法有以下一些。一种是用天然或化学颜色在玉器上涂饰；一种是热处理，如蒸、煮、炸、烧烤，同时加入某些色素；一种是用强硫酸、强碱等物质浸泡；一种是在土中加入有色素之杂物经一定的时间掩埋受沁后再取出；一种是如制作翡翠"B货"那样，将原来的颜色化学处理或溶解后填充入别的色料；一种是如制作玻璃那样，整个材料和颜色都是用非玉物质和色熔化烧造的合成品。

上述人工制作的玉色，虽手法不同，但也有其致命的破绽。一般有如下一些现象，可用一些方法把它们识别开来。如涂饰之色，往往只在器物之外表面未入其质内，日久会脱落，用它物刮擦、浸泡会退色。人为加热加温和强酸、强碱而成之色，虽较牢固，但多有破裂痕、奇怪难看的轻浮感和色泽较单纯感，最可靠的办法是刮下一些色素或用水浸泡一些时间后用现代科学的化验法测试，若有现代化学成分物质反应，其为伪色无疑。土中掩埋法做成的伪色，最好的识别法是其色只及外表而未入质料本身。其他如填充法和合成法做成的伪色，有经验者一看即知。初学者如无法确认，也可送宝石检测机关构验。

人工作伪者另一手法是惯用极浓之色素满盖器表，或用较易上色之次玉、杂玉而充好。因此，收藏和鉴定古玉，首先要想到的是它有无作伪的可能。

（四）玉器的品种、造型与断代辨伪

中国古玉器种类繁多，计有百余种，其用途有的是相同的，有的即使在同类器中因时间不同也有差别，有的则即使时间相同而其用途也完全不同。如玉佩大类，在不同时期甚至在同一时期，其品种造型就千差万别。又如玉礼器，它至少又分为六种不同用途的器物。这些不同造型和用途的玉器，有的是自它出现始就一直延续下来，或某个时期中断后复又出现；有的则是特定时期的产物。更有甚者，即使同一种器物，它在不同的等级、不同时期或地区，其造型和用途并不完全一样。因此，我们了解玉器的品种和用途及其产生、发展和变化的历史，是对玉器进行断代和辨伪的基础。

关于玉器种类和用途及其产生、发展和变化的情况，在前面古玉断代部分已作了基本的介绍，以下仅从辨伪角度作些探讨和分析。

首先要注意的是，器物品种出现的年代是否与当时选用的玉料的情况统一。如汉代才有的玉刚卯，若与当时用料相符，原则上应是用新疆昆仑山产玉料，若发现它用蛇纹石或其他不好的玉料制成，鉴者首先想到的是这有作伪的可能。又如红山文化才有的玉马蹄形器，应是用辽宁省岫岩县一带的老岫岩玉制作，如果是用昆仑山或其他地方文化才有的玉料制作就可能是赝品。以此类推，往往会把那些品种、用途和选用玉料之间相互矛盾的伪玉器识别出来。

其次是品种、用途出现的时间与制作玉器留下的琢磨痕是否统一。如良渚文化的玉琮，其琢磨痕如前述是有固定特点的，如若出现矛盾，无疑要加以严格的鉴别。又如毛道纹，通常是在战国和汉代及后来的清乾隆时期，由于广泛使用铁器为工具琢玉或用金刚石直接刻划玉器时才会有，如果在商代或其他时代的玉器上发现这种刻纹，人们就有理由对其真伪提出怀疑。

再就是玉器品种、用途与颜色的关系。如实用器皿中的碗、执壶等器出现在唐以后，特别是明清时期，且用昆仑山玉料，一般是没有沁色的，有者也是极个别确定在墓葬中埋藏过的。若发现其上有沁色，甚至通体出现沁色，即所谓"满包装"者，其伪作的可能性就极大了。又如羽觞，均在战国至魏晋时制作，原则上应有一定的沁色，但又不会严重到通体有沁色，如若出现无沁色，或如新作那样，就可提出怀疑。

（五）玉器上的其他情况与断代辨伪

古玉器的辨伪除以上情况外，也有其他不为人关注的辨伪法，往往也对鉴别古玉起到决定作用。

例如，不同时代有不同的思想道德观念、宗教信仰，在当时玉器上往往有所反映。收藏者购买玉器的时间，所见玉器是否与已有的图书中著录的同时代玉器面目相同也是值得注意的一个方面。原始社会、奴隶社会和封建社会思想道德观念各不相同，原始社会崇尚自然和神灵，奴隶社会崇尚王公贵族的权威而大量制作仪仗玉器和区分贵贱的礼器，封建社会崇尚天人合一，皇帝即天子，龙凤代表帝后等，常在玉器的造型和饰纹中反映出来。

又如宗教信仰，在不同时期，甚至同一时期不同的统治者，都在玉器上有不同的表现。原始社会有自然崇拜和信仰图腾，奴隶社会信仰动物神灵，封建社会则崇尚人伦道德、儒学和佛教。它们之间既有交叉出现，又有各自为政或各为一体、互相排斥的一面，如道教崇尚长寿和成仙，凡有长寿含义之玉器都在造型或饰纹上有所表现。

收藏者购买玉器的时间，器物在图书中是否出现过，都对辨伪有重要的参考价值。因为作伪者并非纯想像而为，而是往往有所本，其本主要是来自已发表的古玉图纹。因此，一件玉器若与图书中所见相同或相似，原则上是伪品。因为古玉器除个别情况或需要制作成双成对玉器者外，一般很罕见有重复品。至于收藏的时间，若近似物在书中发表后出现，原则上要考虑其为假品；若先有近似物，而发表的器物在其后，即使传世品也考虑其为真品。如红山文化玉龙，世人所知者，是最近一二十年的事，但藏者手中有三十年前的遗品，原则上是真品了。

总之，古玉的辨伪是一门科学，它除了要有长期的实践经验锻炼出来的"火眼金睛"之外，更要有全面系统的各方面渊博的知识积累。

当然，即使以上面的知识仍不能得出结论，最后得求助于科学的化验和仪器的测验。如玉料，不同的品种、不同的产地，其化学式和物理性能是不同的。又如颜色，原色、伪色也是可以化验的。特别是最近几十年以来的伪品，多用化学物质如硫酸、碱和化学颜色而为，对浸泡过玉器的水，或对其涂色加以化验，很多情况下是能暴露其"庐山真面目"的。

十八、古玉器的定级与价格评估

总体来说，玉器的定级与价格评估是有基本前提和条件的，概括起来，主要由以下几方面来决定。

（一）玉器用料的好次与定级定价

玉料的品种很多，在这些品种中，其产地、美感、硬度、采获的难与易、蕴藏量的多少，均可以决定其价格的高低。就中国玉料综合而言，昆仑山系玉(即阳起石——透闪石玉料)质优价高。其次是蛇纹石(或称岫玉)和其他产地的杂玉。必须指出的是，即使是同一种玉，如昆仑山系玉，因产地和颜色的不同，决定了它们的价格高低。一般来说，产于河水中的籽玉质美价高，而产于山上的所谓"山料"玉价低；以颜色而论，价格高低的顺序是白、黄、墨、青、碧和其他色相杂者，其中又以羊脂白玉最贵，其料即使未成器，也相当于黄金的一半，即一克相当于人民币50～60元。据传，新疆昆仑山和田一带河流不久将建多处大型水库，因此，和田玉和水产的籽玉将会断绝，温润如凝脂的白玉将会越发昂贵。

（二）玉器的年代远近与定级定价

中国古玉有近万年的历史，年代越古，一般来说其物越少。就中国古玉而言，文物法规定，凡清乾隆六十年（1795年）以前者，原则上未经国家有关部门批准是不能出口的，今习惯上称为古玉。清乾隆以后，原则上是可以出口的。当然，有些清乾隆以后，如清晚期至民国间的作品，若有精美者，也有一定的价值，并不会全都不值钱。

上述年代的玉器，即通常所称的文物，其定级和价格的高低，原则上是与其年代的远近成正比的，年代越久，可能其级别和价格越高。如红山文化的一件玉龙和一件玉太阳神，皆用岫岩玉制作，在"翰海"拍卖会上，起价就是200余万元人民币，如同样大小的玉器，若年代较晚，即使玉质很好，级别和价格也会较低。

（三）玉器的制作水平与定级定价

古玉器是经人加工而成的特殊的艺术品，加工者水平往往相差很大，同样一件玉器，若制作精美或出自名家之手，即使玉质不甚好，其他条件也较差，也往往超出常价。

如清乾隆时期玉器，一般制作较精，虽年代较晚，但却较昂贵。若制作粗俗，即使玉质好，年代相对久远，也不一定能定高级别或卖出高价。

（四）同一种玉器中的数量多少与定级定价

中国古玉器数以万计，品种也不下一百。这其中有的相同或相似，有的是极少数或孤品，或其题材有重要意义，即使它年代较晚，玉质不甚美，也可定为一级品或拍卖出高价。如若是重复品或近似物太多，即使其他条件无可挑剔，其级别也不会高。曾见一件拍卖品，为清晚期作品，长宽不足5厘米，厚约0.4厘米，只因其上"戊戌"二字与清光绪"戊戌变法"有关，便高出常价数十倍，达80余万元，这对常人来说是不可想像的高价了。又如一件汉代卧蚕纹璧，底价只5万元，结果因同类作品较多而其最高出价才4.5万元而没有拍卖成交。

（五）其他因素与定级定价

古玉使用的时间很长，加之用者不慎或墓中埋藏损伤等原因，一般都有毛病，绝对的完好无伤者是极少的。这些不同程度的损伤，若较严重，即使质好物美和年代久远，也不会定为一级或卖价很高的，反之就会提高级别和价格。又如器物的大小、色泽(包括沁色和天然皮色)的处理是否恰到好处，是出土品还是传世品、它在历史中是否流传有序、其上有无铭文款识等等，对定级和价格都有很大的影响。如一件古玉器，因它在清人吴大澂《古玉图考》上刊出过并留下铭记，结果卖出价达数十万；前述一件红山文化玉龙，因在傅熹年先生编的《古玉精英》一书中刊出过，且早在出土红山文化玉龙以前已购入手中，一件玉太阳神器，因为出自著名收藏者之手，其价格皆高至数百万。

十九、古玉研究的历史与展望

（一）古玉研究的历史

现有资料表明，中国藏玉之风，自古玉出现时就开始，只不过前期的收藏者主要是贵族和帝王。自唐以后，则转向官民并举。至于古玉的研究比收藏要晚，这从先秦和汉魏古籍，如《周礼》、《尔雅》、《礼记》、《说文》诸书及其后来对上述各书的注诠家文字中可知。古玉研究的真正兴起和走向正规似在宋代开始，当时已出现专门谈论古玉之论著。不仅以物论物，并且测绘附图。最典型的代表作是宋人聂崇义《三礼图》所载古玉部分，图文并茂。这些书按现在观点看，尽管甚多谬误，但它说明古玉研究之风已走向正规、图文并用。这种情况延续到清中期达到高峰，吴大澂《古玉图考》、瞿中溶《奕协堂古玉图录》即为代表。

（二）古玉研究的现况与展望

中华人民共和国成立以后，特别是近一二十年以来，古玉研究更为正规化和系统化，不仅国家有一批以古玉为主要研究对象的人才，更有专门从事古玉研究的学者和专家，其研究面之广、之深，发表论文之多，都是空前的。

纵观当代古玉研究的面貌，知当今之研究者，之所以会有如此丰硕的研究成果，与其研究方法现代化有着密切的关系。笔者认为，古玉器的研究者应具备较丰富的知识，更要有科学的辩证唯物主义的历史观，具备地质学、美术史、宗教史和考古学方面的知识。再就是要熟悉古文献典籍中有关古玉方面的资料。掌握的文献资料越多，越有利于研究的深入和研究水平的提高。古玉研究者要大量收集考古发掘中有关出土古玉器的科学资料，包括文字、图片和拓片。与此同时，还要掌握传承有序和大量收藏在国内外各博物馆的古玉资料。特别重要的是，古玉研究者要多看实物，尤其是看那些经科学发现的出土玉器，也包括伪作仿品。

我们深信，21世纪将出现一批有素养的古玉研究专家，取得辉煌灿烂的成果。

图 版 目 录

图 版

1. 玉碌(三件)

细石器时期
长 2.7 至 1.9 厘米，厚 0.2 厘米

三件玉料质色不同，一似水晶，较透明；一呈半透明的青黄色；一呈蓝褐色。器扁，呈不规则的三角形，中部略厚，周边渐薄似刃，一端尖锐，一端内凹，通体以打制法制成。考古界有学者认为，在旧石器与新石器之间，有一个细石器时期，其时玉石制作的工艺特点是既非旧石器时代的石器那样是用直接打制法制成，又非新石器时代的玉石器那样是用磨制法制成，而是用一种较薄的物质覆盖在玉或石上，隔着需要制作的器物用间接法打制而成。此三件玉器即为其时制作的典型实例，亦即为迄今所见最早玉器之一。

2. 玉钺

新石器时代晚期

长 18.3 厘米，厚 0.7 厘米

玉料呈青色，局部有褐色沁。体扁平，呈不规则的长梯形，宽端由两面磨成刃，窄端近肩处的中央有一由两面穿钻的圆孔。

3. 玉三联璧

红山文化
长 7.1 厘米，厚 0.2 厘米

玉料呈碧色，通体有灰白色沁。器扁平，两面形式相同，皆从上至下且从小到大三只璧连为一器。此形玉器，在红山文化常见，作何用待考。值得指出的是，它最早见于红山文化，并具有鲜明的特点，与此同时或略后，它有可能向周边地区扩展或传播，如在与该地区相近并年代相当的大汶口文化及东北各省的其他地区等亦有所见，且其相连的璧，除常见双联、三联外，尚见有四璧相联为一器者。

4. 玉双孔形器

红山文化
横长8.9厘米，厚0.5厘米

玉料呈黄绿色，局部有浅褐色和黄白色沁。体扁，两面形式相同。两侧各有一外凸且
呈鸟头状的弯钩饰，中部似双璧相连，并各有一由两面穿通的圆孔。近上侧中央凹缺
的两侧各有一由两面穿钻并略呈斜口的圆孔，可供系佩用。红山文化玉器中，除见图
一所示相似的双联、三联或四联璧外，亦见一类以抽象动物为形的所谓"玉勾云形器"
（见图五）。此器从造型看，显然与上述两类器略异，但在局部形式上似有一定的关系。
因此，此类器很可能是上述两类器的变形，或由它们发展演变而来。

5. 玉镂雕勾云形器

红山文化
长18.2厘米，厚0.3厘米

玉料呈青色，局部有深绿色沁。器扁平，两面形式和饰纹相同，以镂雕加宽粗凹槽，饰一展翅飞翔的鸮纹及勾云形状的镂雕孔和其间的三个圆孔，以供系挂时用。此类玉器的造型，奇特抽象，为红山文化中独具特色的石器之一，对其用途学术界尚有不同的认识。因其上有一处或两处镂雕而成的云形穿孔，故今文物考古界暂定名"玉勾云形器"。此器除有云形穿孔外，其造型又似一展翅飞翔状的鹰(红山文化崇尚鸮)，或一张牙露齿、双目圆大的兽头两种双关的抽象饰纹，更使此类器具有神秘感。

6. 玉马蹄形器

红山文化

最高12厘米，最大径8.4厘米

玉料呈深绿色，局部有黄白色和褐色沁。器作上部粗且呈斜口，下小并呈平口，中心有椭圆形穿孔的筒状，近平口的一端两侧相对应处，各有一圆孔，可供他物插入双孔用。此类玉器，迄今所知仅在红山文化中发现，有鲜明的文化特色，其用途说法甚多，待考，其定名因似马蹄而暂名玉马蹄形器。

7. 玉甲虫形饰

红山文化
高 6.2 厘米，长 15.3 厘米

玉料呈墨黑色，通体有白色和黄色沁斑。器以圆雕、镂雕、浮雕加较粗的阴线，饰一甲虫。甲虫头侧有一对浮凸的圆目，嘴端有枝状长须饰，颈下伸出两只似钳状的前足，腹面圆形，有双翅，侧有六足，呈爬行状。红山文化玉器中，虽见有鱼虫类，但作如此巨大的甲虫形器，尚属首见，作何用，待考。

8. 玉蝴蝶形饰

红山文化

高2.4厘米，最宽7.3厘米

玉料呈墨黑色，间有黄色沁斑。器圆雕，形作一双目圆凸，呈展翅飞翔状的蝴蝶。玉蝶端末穿两个圆孔，可供系佩用。玉蝴蝶，在出土遗物中未见，但在民间被确认者，曾发现几件，此为其一例。

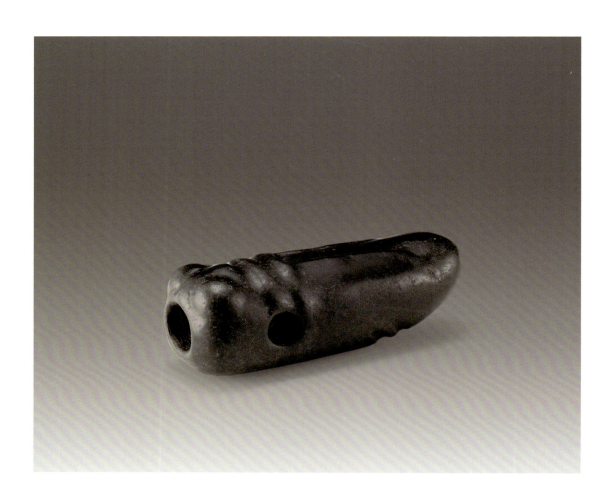

9. 玉蝉形坠

红山文化

长 7.8 厘米，高 2.57 厘米

玉料呈墨黑色，间有黄色沁斑。器圆雕，玉蝉双目圆凸，背间双翅分开，翘尾，呈伏卧状。玉蝉头颈间，由两侧横透相通一圆孔，以供坠佩用。

10. 玉蛙形坠

红山文化
宽5.4厘米，高1.5厘米

玉料呈碧绿色，局部有白色和黄色沁。器圆雕，玉蛙作圆圈目，短弧圆嘴，呈伏卧状。玉蛙背部弧凸且前部厚，后部渐薄，腹底平，从嘴端至腹底由两面斜透一圆孔，以供系佩用。

裕福轩藏玉选·图版

11. 玉龟形坠

红山文化
长 10.4 厘米，最厚 2.5 厘米

玉料呈碧色，局部有灰白色和黄白色沁。器圆雕，玉龟作尖嘴，头前伸，双目圆凸，宽大的四足伸而微收，尾端弧圆，背甲凸起呈圆形，腹底平，呈伏卧状。玉龟的头颈间有两个斜透相通的圆孔，可供系佩用。红山文化玉龟常见，但作如此巨大者，很罕见。

12. 玉螃蟹形坠

红山文化

横宽5.3厘米，最厚1.7厘米

玉料呈碧色，局部有灰白色沁。器圆雕，玉蟹双目圆凸，首端有一对钳形足，背弧凸并有数道阴线弦纹，尾端圆弧，呈伏卧状。玉蟹嘴间从上至下垂直穿透一圆孔，以供系佩用。红山文化常见写实性的鸟兽鱼虫动物，但作玉螃蟹者，为首次发现，很珍贵。

13. 玉鸮

红山文化
长 8.2 厘米，最厚 3.75 厘米

玉料呈墨黑色，通体有黄色沁斑。器圆雕，玉鸮头微弯并略下垂，尖喙，圆凸目，展尾，呈飞翔状。玉鸮颈背间有一对由两侧斜透相通的圆孔，可供系佩用。

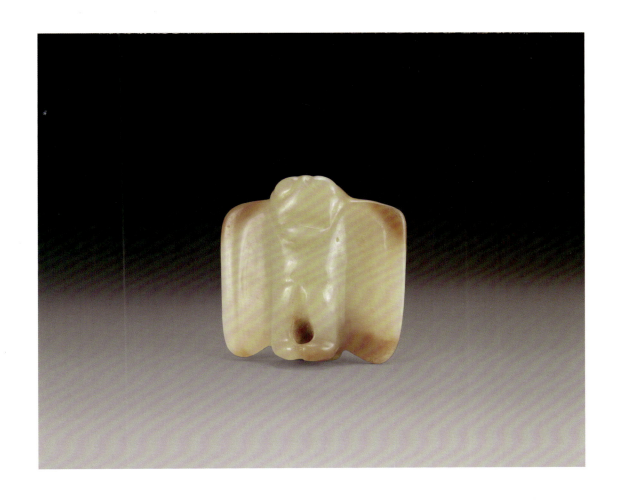

14. 玛瑙鸮

红山文化
长5.2厘米，最厚1.7厘米

玛瑙呈乳白和红色相间。器圆雕，鸮作双目圆凸，垂首弯至颈间，足缩于腹下，呈展翅飞翔状。玛瑙鸮近尾端有一斜透相通的圆孔，可供系佩用。红山文化遗物中确见玛瑙质器，但以玛瑙作鸮形佩者，很罕见。

15. 玉神鸟形佩

红山文化

长6.6厘米，最厚0.9厘米

玉料呈青色，局部有黄褐色沁。体扁平，两面形式和饰纹相同。所饰神鸟作尖头冠，圆凸目，猪嘴，翘尾。神鸟颈背间穿一圆孔以供系佩用。此式神鸟，头有冠和腹前似有足，很有神秘感，或为其时之风。

16. 玉丫形兽

红山文化
长13.4厘米，最厚0.5厘米

玉料呈青绿色，体扁，若一丫，中部略厚，边侧渐薄。器两面形式和饰纹相同，以切割、琢磨阴阳线或弦纹等法制成。兽(或虫)双耳竖于头顶并呈丫状，圆目，宽口，身尾饰多道阴阳弦纹。玉丫形兽的尾端，有一由两面穿透的圆孔，以供系佩用。此器因整形如丫，其实它应是一兽(或虫)形动物的平展形态，在红山文化中常见。此为其一例。

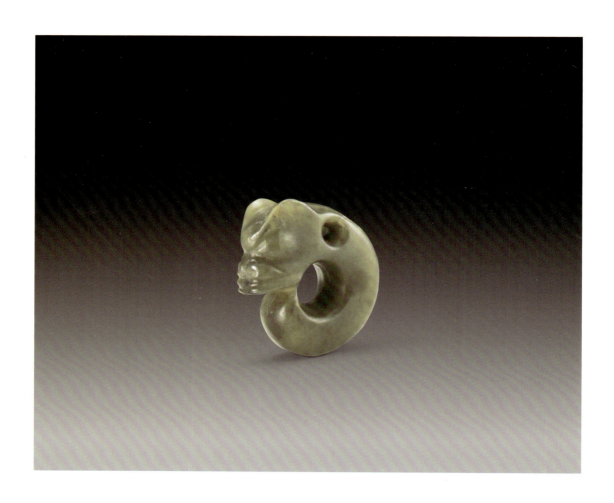

17. 玉兽形玦

红山文化

长4.4厘米

玉料呈碧色，局部有乳白色沁。器圆雕，玉兽双耳竖于头顶，平嘴，目微凸，身尾内卷且尾端卷至嘴前。玉兽嘴尾间有一切而不断的口，除中心有一由两面穿透的圆孔外，又于颈背间穿一较前孔小的圆孔，皆可供系佩用。

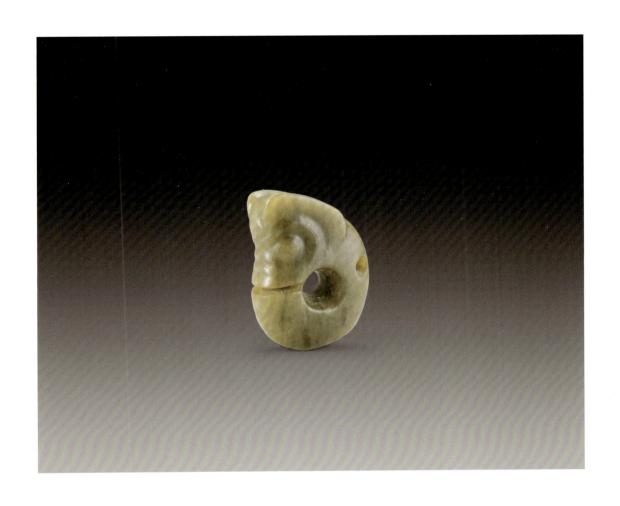

18. 玉兽形玦

红山文化
长 4.7 厘米

玉料呈青色，局部有灰白色和褐色沁。器圆雕，玉兽双耳宽大并竖于头顶，瓜子形目，平嘴，身尾内卷至嘴前，并有切割缺口将首尾相隔。玉兽中部有一由两侧对穿的圆孔。玉兽形玦，大小各不相同，但绝大多数除中部一较大圆孔外，又于其颈背间穿一较小圆孔，如此仅于中部穿一圆孔而无颈背一小圆孔者，很少见。

19. 玉龙

红山文化
最大径20.7厘米

玉料呈碧色，局部有乳白色和深浅不同的褐色沁。器圆雕，玉龙口微张，上唇上翘，首端有二个穿而不透的弧圆孔以示鼻孔，长水滴式目，脑后有一边侧圆锐和侧有凹槽的长鬣沿颈背飘下且尖端翘起，整体呈"C"字形弯曲。玉龙颈腹间由两面穿一圆孔，以供挂系时用。红山文化玉龙，为迄今所知最早用玉制作的龙，其形独具鲜明的地区和时代特点，对中华民族的龙文化历史研究有重要的意义。

20. 玉兽面骨形器

红山文化
高8.2厘米，横宽9.6厘米

玉料经浸蚀后呈黄色，通体有褐色斑点。器圆雕成一脊椎骨形，两面饰纹不同，中心有一个一端圆形，另一端较前端宽且作椭圆形的穿孔。两面饰纹中，一面似一张开上唇并露獠牙及一排门齿的猛兽头脸；一面似一长有双尖角、鹰钩鼻(或嘴)的兽(或鸟)头。两面兽或鸟头皆有双目，唯露獠牙者，双目以与中心孔相通并呈圆形双孔兼作；而有双尖角一兽面则以不规则的瓜形孔为双目。此类器，在红山文化出土玉器中偶有所见，但从传世品看，似制作较少，且并不完全相同，均有神妙奇异感，作何用不详。

21. 玛瑙熊形佩

红山文化
高6.7厘米，最厚2.8厘米

玛瑙呈黄绿色，间有杂色相间的波式丝纹，局部有黄色和褐色沁，且有浸蚀后形成的蛀斑。器圆雕，玉熊作"八"字形双目，宽嘴，双耳竖起，大肚高凸弧圆，前双足举于头后，后双足呈蹲踞状。熊之背部颈间，由两侧斜透钻穿一圆孔，可供系佩用。红山文化曾见玉熊，但用玛瑙而为器者较少，此为其一。

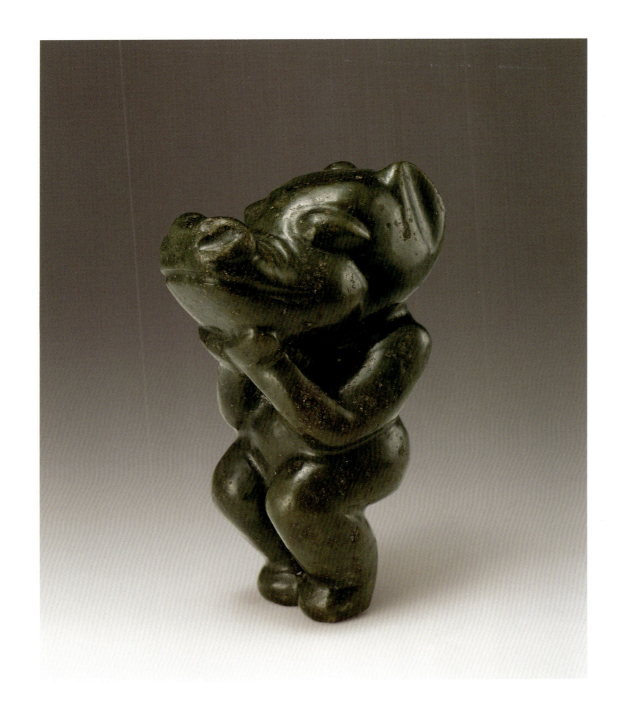

22. 玉猪首人身神人

红山文化
高 12.7 厘米

玉料呈碧绿色。玉神人头似猪首，四足及体似人，双手托下颚，赤身，呈双足蹲坐状。玉神人颈背间有一对斜透相通的圆孔，可供穿挂时用。红山文化似推崇猪，有的玉器被称为"猪龙"者(见图 19)即为其例。此为猪首人身，似是其时崇尚猪的又一实证。

23. 玉神人
红山文化
高 14.3 厘米

玉料呈深绿色，局部有乳白色沁。器圆雕，神人头顶竖立两个尖柱形角，耳外撇，倒"八"字形双目，猪形嘴，挺胸，双手抚膝，呈跪坐状。玉神人颈背间有两个斜透相通的圆孔，可供系挂时用。

24. 玉蹲坐式神牛形器

红山文化
高10.1厘米

玉料呈深碧绿色，局部有灰白色和黄色沁。器圆雕，神人头顶竖立两只尖柱形角，双耳外凸成脊状，直柱形目，"八"字形口，双手抚膝，呈蹲坐状。玉神人颈背间斜下穿透两个圆孔，可供系佩时用。此式神人，又称"太阳神"，因多数头顶有双角，且头脸似牛，故或即当时被人格化之神牛。

25. 玉蝉兽复合形器

红山文化

高6.4厘米，长11.5厘米

玉料呈褐绿色，通体有黄色沁斑。器圆雕，作蝉兽复合式，兽(或狗)昂首前视，口微张，双耳似竹叶且略下垂贴于头侧，尾卷于臀侧，背伏一蝉，呈伏卧状。

26. 玉抚膝人形器

红山文化
高4.7厘米

玉料呈青黄色，局部有浅褐色沁。器圆雕，玉人作圆弧头顶，微张口，双手抚膝，呈
蹲坐状。玉人于两腋下和腹下各有一圆孔，可供系佩用。

27. 玉合掌拱手人像

红山文化
高15.2厘米

玉料呈深碧色，局部有黄白色沁斑。器圆雕，玉人头戴平顶帽，双耳外张且略上长出于头侧，水滴式目珠呈倒"八"字形斜立，圆脸，双手合掌举于胸前作拱手状，双足上部大腿相并，下足分叉，屈膝蹲立于方形座上。

28. 玉母神像

红山文化

高53.5厘米

玉料呈青灰色，通体有白色和浅褐色沁。器圆雕，玉母神像头扎爪形髻，倒"八"式双目，长耳外凸，圆脸，双乳微凸、孕肚，双手捧腹，赤身露体，呈双膝微屈的直立状。红山文化偶见与人有关的神灵像，亦见以母体为本制作的泥塑或玉器，但作如此巨型者，为首次发现。又红山文化玉人或神，多有系佩的穿孔且较小，此器不仅较巨大，且无穿孔，原似置于某处作供奉用。

29. 玉跪地式神人

红山文化

高5.3厘米

玉料呈青黄色，局部有黄褐色沁和白斑。器圆雕，玉神人作水滴式目，头顶有三道凸脊，双手举于脑后，挺胸，大肚外凸，跪地，于双足背及臀后置一圆鼓形饰，并于其中心有一由两侧穿透而成的圆孔。

30. 玉拱手坐墩式人

红山文化
高12厘米

玉料呈深碧色。器圆雕，玉人作瓜形头，五官怪凶，双手拱于胸前，赤身，端坐于束腰圆墩上。玉人头大，身粗，手细，腿短，或以侏儒为本摹作，或即当时的神异怪人。

31. 玉联体人形器

红山文化

高13厘米

玉料浸蚀较重并呈泥黄色。器圆雕，作两人联体式。两人形态相同，似童子，皆嘴微翘，挺胸，屈膝，赤身，后背的脑、肩、臀和足根相连，呈背向而立状。

32. 玉简化神人纹条形器

良渚文化

长 8.27 厘米，高 1.8 厘米

玉料经浸蚀后呈灰白色，间有褐色沁斑。器作两端略翘的长方条形，中央凸一脊，上以精细的阴刻线饰一组简化神人纹。

33. 玉鱼形佩

良渚文化
长8.9厘米，厚0.2厘米

玉料呈青碧色，局部有褐色沁。体扁平，中部略厚，周侧渐薄，两面形式和饰纹相同，玉鱼作平嘴，圆圈目，宽身，尾分双叉且上饰尾鳍纹。玉鱼近上侧有两个圆穿，可供系佩用。

34. 玉简化神人纹琮

良渚文化
高5.2厘米，边宽1.6厘米

玉料呈青黄色，通身有深浅不同的褐色沁。器作方柱形，两端各有一形式大小相同的璧形口，从上至下的中心有一由两端对钻而成的圆孔。琮分上下两节，上一节于两对角及向两面展开处各饰一双圆圈以示目，于转角处饰一长方形纹以示鼻或口，以上部数条横弦纹等组合成一人面纹；下一节饰纹与上一节形式相似，唯双目呈蛋形略异。又，器之上下两组面纹间均饰有云雷纹，两组面纹虽形式略不同，但它们合为一神人纹的简化形。值得注意的是，此形器及其简化神人纹，在良渚文化玉器中常见，但于其上点缀云雷纹的形式很少见，它对良渚文化玉器上饰纹种类的研究有重要的价值。

35. 玉简化神人纹琮

良渚文化
高5.2厘米，射径9.9厘米

玉料呈青碧色，局部有灰白色沁。器作四面略弧凸的方筒形，中心有一由两端对钻而成的圆孔，两端各有一圆环形口。玉琮外壁以四面中部一垂直凹槽为界，以四转角为中线，各饰一组以两道横向宽粗并以其上刻数道阴线弦纹以示头额和冠帽，以蛋式眼睑、圆凸目珠示双目，以一微凸的长方委角形体示鼻或口，合为简化神人纹。

36. 玉简化神人纹大琮

良渚文化
高42厘米，最大射径9.47厘米

玉料经浸蚀后呈灰白色，并有褐色斑点和大小不等的腐蚀坑。器呈上粗下小的方柱形，中心有一由两面对穿而成的圆孔，两端各有一四方委角形口，玉琮共分11节，四面正中各有一道垂直凹槽，每节四角各以凹槽为隔，以转角为中线，各饰一组双圆圈目、长方形鼻的简化神人纹。良渚文化玉琮较常见，唯作如此长大者，十分罕见。

37. 玉弦纹斧

殷商
长14厘米，厚0.7厘米

玉料呈青色，局部有褐色沁。体扁，呈长梯形，近窄端有一由两面对穿而成的圆孔，宽端由两面磨成刃。玉斧两面形式与饰纹相同，于近穿孔处有两道横弦纹，其下至刃端有三道略作放射状的弦纹。近似玉斧，在殷墟"妇好"墓曾出土两件，唯该墓的发掘报告中定名为圭，似不妥，应名玉斧为宜。

38. 玉螳螂形佩

殷商

长4.6厘米，厚0.7厘米

玉料呈碧色，局部有黄白色沁。器圆雕，玉螳螂作垂首，圆目，合翅，大腹，短尾，呈伏卧状。玉螳螂足端由两侧对钻穿透一圆孔，以供系佩时用。商周玉制动物中，常见鱼虫类，此为其一例。

39. 玉燕雏形坠
殷商
长 7.1 厘米

玉料呈青白色，局部有黄白色和褐色沁。器圆雕，玉燕首前伸，圆目，短喙圆尖外凸，合翅，身以双钩饰羽毛纹，呈伏卧状。玉燕胸间斜透相通两孔，可供坠系时用。

40. 玉牛头形坠

殷商

长 3.1 厘米

玉料呈青白色，局部有黄褐色沁。器圆雕，呈不规则的三角形，中部厚，两端渐薄。上以阳线砣纹饰一菱形双目，倒"八"字形角，叶形耳的牛头。牛头器之头后侧端，有一由两面穿透的圆孔，以供系佩用。

41. 玉鹿形佩

殷商
高3.3厘米，厚0.2厘米

玉料呈青色，局部有灰白色沁。体扁平，以切割、双钩法制成。玉鹿回首顾盼，圆目，耳凸且向后伸展，尾下垂，呈行而欲止状。玉鹿嘴、鼻和颈侧各有一由一面穿钻的圆孔，皆可供系佩用。

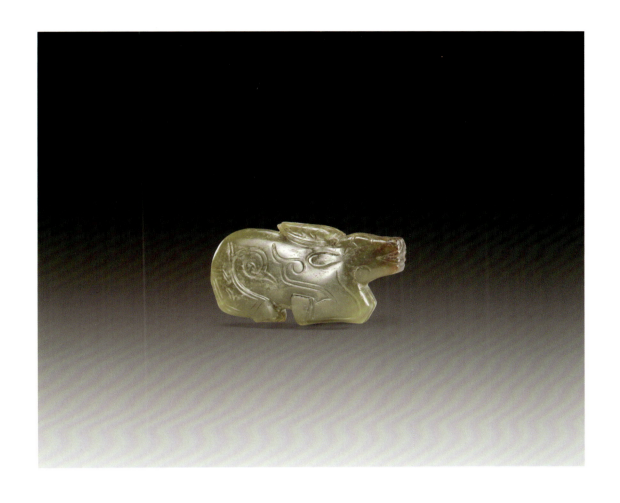

42. 玉牛形嵌饰

殷商

长 5.2 厘米，最厚 1.1 厘米

玉料呈碧色，局部有褐色和黄白色沁。器略扁，头端较厚，尾间渐薄，两面形式和饰纹相同，以切割、双钩饰纹法制成。玉牛昂首前视，微张口，"臣"字形目，双角后贴于背间，尾下垂，呈跪卧状。玉牛四足间有一道直形凹槽，可供嵌插时用。

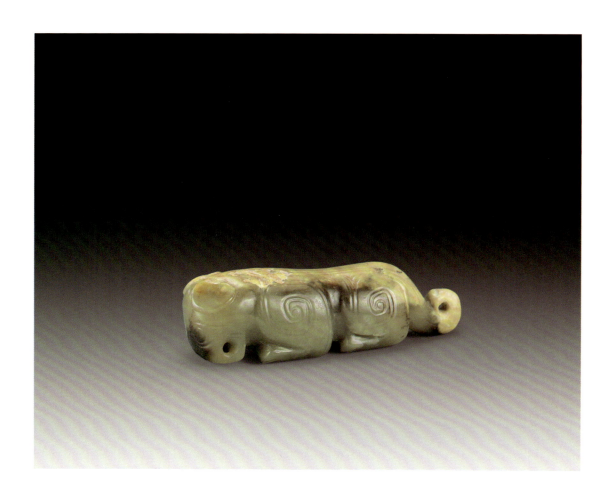

43. 玉虎形佩

殷商

长 7.4 厘米

玉料呈深绿色，局部有黄白色和褐色沁。器圆雕，玉虎作"臣"字目，垂首，头后有双耳，弯腰拱背，尾端翘卷，以双钩饰斑纹，呈伏卧状。玉虎除嘴角间各有一个斜透相通的圆孔外，又于卷尾处自然形成一圆孔，皆可供坠系时用。

44. 玉龙形玦

殷商

直径4.6厘米，厚0.5厘米

玉料呈深绿色，局部有灰白和浅褐色沁。体作扁平的"环而有缺"形，两面形式和饰纹相同，以切割、双钩法制成。玉龙张口露齿，"臣"字形目，头后有瓶形角，背有脊齿，身尾内卷至首尾相近并有一道切口将其相隔，身饰云形鳞纹。玉龙颈背间有一圆孔，可供系佩用。

45. 玉纵目神人首像
三星堆文化
高6.1厘米，宽8.8厘米，厚2.6厘米

玉料呈墨黑色，局部有灰黄色沁。器圆雕，正面向外弧凸，背面正中内凹呈切开的半圆筒状。正面饰人首像，纵目珠，倒"八"字式眉和眼，尖高鼻略呈三角形，宽口微张，双耳外撇且下有一圆孔以示佩耳环。此式纵目神人首像，在三星堆文化中曾见青铜制品，以玉为器者，目前仅见此器。

46. 玉弧形戈
西周
长10.9厘米，厚0.5厘米

玉料呈黄白色，局部有灰白和浅褐色沁。器略扁，弧弯形，锋尖锐，周边有双面刃；援两面皆有形式相同的双道随形宽血槽；内呈长方形，中有一由一面穿钻的圆孔，呈进口大出口小的喇叭形。玉戈始见于新石器时代晚期，及至西周渐少，且器形略小，个别亦见弧弯状者，此为其一例。

47. 玉双虎纹璧

西周

外径 5.8 厘米，最厚 0.7 厘米

玉料呈白色，局部有黑褐色沁。体作厚薄不均的扁圆形，中心有一由一面穿钻的圆孔。玉璧两面饰纹相同，皆以双钩饰两只首尾相接的侧形侧视虎纹。

48. 玉鱼形佩

西周
长6.5厘米，厚0.3厘米

玉料呈青白色，局部有黄褐色沁。体扁平，玉鱼作圆目，微张口，弧弯形身尾，身侧饰鳍纹，体饰鳞纹。玉鱼于近口处有一由两面穿透的圆孔，可供系佩用。商至西周时玉鱼较多，但其身多仅饰鳍纹和形作直条，此玉鱼不仅饰鳍纹且饰有鳞纹，形作弧弯而颇具动感，很少见。

49. 玉鸟形佩

西周

长 7.1 厘米，厚 0.3 厘米

玉料呈碧色，局部有白色沁。体扁平，两面形式和饰纹相同。玉鸟作平喙且上下唇略翘或垂下，圆圈形目，宽垂尾并分双叉，合双翅，足前伸并作伏卧状。玉鸟于胸前由两面对穿一圆孔，可供系佩用。此类玉鸟，仅西周有见，其口、尾似鱼，而足和羽翅又似鸟，很奇特并颇具神秘感，或即其时之神异物。

50. 玉兔形佩

西周

长5.2厘米，厚0.25厘米

玉料呈青色，局部有黄或浅褐色沁。体扁平，两面形式和饰纹相同。玉兔昂首前视，圆目，大耳竖于头后并略向后伸，张口，尾下垂且尾尖上翘，呈奔跑状。玉兔前足端由两面穿透一圆孔，可供系佩用。

51. 玉狗(或龙)形佩

西周

长4.5厘米，最厚0.5厘米

玉料呈青色，通体有灰白色和褐色沁。器略扁，两面形式和饰纹相同，以切割、阴线砣纹等法制成。玉狗(或龙)作方形口，圆目，耳后贴于颈，拱背、卷尾，呈伏卧状。玉狗除尾间自然卷曲成一圆外，又于近颈间穿一圆孔，皆可供系佩用。玉狗在殷商时曾见，但很少，此为其后又一实例。唯此器从另一个角度看，其头及前足又似张大口动物的头，头上又似长柱形角，若前足作动物张口之下唇，则它似只有双足而非四足，这种造型与商周的龙颇似，故它又为龙而非狗。

52. 玉虎（或猫）衔鱼形佩

西周

长5.9厘米，厚0.3厘米

玉料呈深绿色，局部有褐色和灰白色沁。体扁平，两面形式和饰纹相同，以切割、阴线砣纹等手法制成。玉虎作回首，双耳于头顶竖起并张开，圆目，粗宽尾翘起，弯腰拱背，口衔一鱼呈吞食状。玉虎肩背上由两面穿透一圆孔，可供系佩用。此器，若为虎，则西周时常见，但口衔一条鱼，似非虎而是猫。若确是后者，则此器为迄今所知最早的玉猫。更为难见的是它口衔鱼且生动逼真，有很强的艺术感染力，不失为一件珍贵遗物。

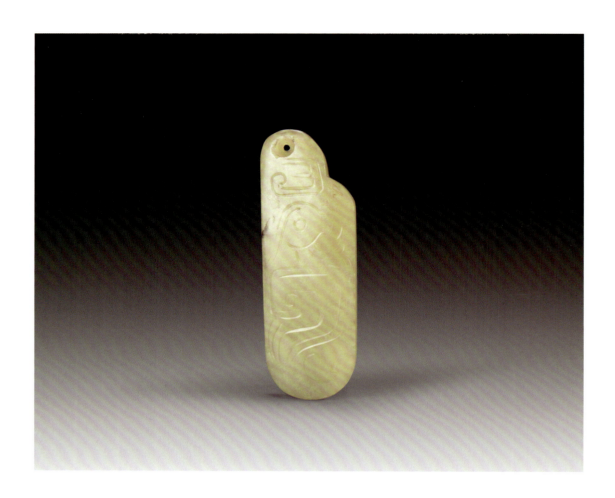

53. 玉凤纹佩

西周

高 7.3 厘米，厚 0.5 厘米

玉料呈黄绿色，局部有褐色沁。体扁，中部略厚，周边渐薄，整体呈上端有一缺口的长椭圆形。器两面形式和饰纹相同，以阴线纹饰凤纹。玉凤作钩形喙，圆目，垂尾直立，呈侧形侧视状，近缺口一端有一由两面穿透的圆孔，可供系佩用。

54. 玉双凤纹圆管

西周
高4厘米，外径2.1厘米

玉料呈碧色，间有白斑。器作圆柱形，中心有一由两面对穿而成的圆孔，外壁上部近端处有一圈似八瓣花纹，其下有两组凤纹。凤头上竖立一冠，圆目，钩形喙，长尾上翘至头顶，呈直立状。两凤形式相同，首相向，间以两组似蝉形纹饰相隔。

55. 玉龙形佩
西周
长5.7厘米，厚0.2厘米

玉料呈青绿色，局部有灰白色沁。体扁平，两面形式和饰纹相同。所饰龙纹，头上有竖立的酒瓶形角，菱形目，张口且上唇翘起，粗长尾下垂但尾尖上翘，呈伏卧状。玉龙口间有一两面穿透的圆孔，可供系佩用。

56. 玉人龙复合形器
西周
高7.6厘米，厚0.1厘米

玉料呈青绿色，局部有黄白色沁斑。体扁平，两面形式和饰纹相同，以切割、镂雕加阴线砣纹法制成。所饰人龙复合纹，作云形耳，头后似有发髻，头间有一侧形侧视和椭圆形目并兼作手的龙，整体呈蹲踞状的人龙复合式神人。

57. 玉束帛形器

春秋早期

高2.6厘米，厚0.2厘米

玉料呈碧绿色，局部有灰白色和浅褐色沁。体扁平，两面形式相同，作束帛状(或变形蝉)，腰两侧各有两个由一面穿透的圆孔，可供穿系或结扎时用。

58. 玉夔龙纹圆管

春秋晚期
长5.4厘米，最大径1.9厘米

玉料呈青色，局部有乳白色浸蚀。器作粗细不等的圆管形，中心有一由两端对钻而通的圆孔以供系佩用。玉管外表的近两端处各有一圈阴线弦纹，并于其间满饰隐起的夔龙纹(俗称"寄生虫纹")。

59. 玉双龙首璜

春秋晚期
长8.6厘米，厚0.1厘米

玉料呈青白色，局部有褐色沁。体扁平且极薄，呈不足一半之瑗形。器两面形式和饰纹相同，以隐起加阴线纹，饰两端各有一椭圆形目、呈侧视的龙首，皆形式相同，朝向相背；中央亦有如前相似的两组龙首，但纹图局部略异，且身背相连。两侧各有斜直三组弦纹将前述两组和中部两组龙首相隔。春秋时期的玉器确很轻薄，且制作精细优美，一般厚度均在0.2厘米，有一些还将一器切开为两器用。鉴于其很薄，故多在切开后为防断损不再饰纹，而呈一面有饰纹，一面光素无纹。此器不仅已超薄至0.1厘米，且两面均有形式相同的精细图纹，极难得，它对当时琢玉工艺的研究有重要价值。

60．玉双龙首璜

春秋晚期

长 13.1 厘米，厚 0.3 厘米

玉料呈青白色，通体有浅黄色沁。体扁平，呈不足的半璦形，两面形式和饰纹相同，两端各饰一形式相同、朝向相背的侧视龙首，身于中部合并为一，并满饰夔龙纹(俗称"寄生虫纹")和间饰网纹为鳞。玉璜有三个孔，皆由两面对穿而成。其中一个在近弧凸一侧的中部，另两个于两龙首的口角处，均可供系佩用。

61. 玉夔龙纹瑗

春秋晚期
外径7.7厘米，厚0.3厘米

玉料呈青白色，局部有黄白色和褐色沁。体作扁圆形，中心有一大圆孔，两面形式和饰纹相同，以隐起加阴线砣纹法各饰首相对向、椭圆形目、呈侧身侧视的四组八条夔龙，纹饰十分精细。

62. 玉双凤（或鹿）首璜

战国

长8.4厘米，厚0.9厘米

玉料呈青色，局部有黄白色沁。体扁平，两侧端各有一尖喙、一圆穿以示目、头后有外凸三脊式冠的侧视凤首。两凤之身尾于中部合而为一，并作弧弯的璜形，于外弧一侧的中央，有一上穿一圆孔的菱形脊。玉璜两侧端示凤目的圆穿，皆可供系挂结佩用。战国与汉代玉璜，两侧端多作兽或螭龙首，如此器作凤（或鹿）首者，很少见，此为一例。

63. 玉镂雕双犀首璜

战国

长19.5厘米，厚0.4厘米

玉料皆呈青白色，局部有乳白色和黄色沁。两器大小相同，均体扁平，两面形式和饰纹相同，以切割、镂雕、隐起和阴线砣纹手法制成。器两端各有一式样相同的犀牛首，朝向相背，张口露齿且上唇尖长，额头有角，呈侧视状，两犀之身尾于中部合二为一，并作弧弯的璜形，其上满饰排列有序、由三个谷纹和阴线组成的云纹。战国玉璜较多，形式亦千变万化，但无论作何式，其近弧凸一侧的中央均有一孔供系佩用。此器无此式孔，但于犀牛张口处穿有孔，且成双成对，作何用待考。

64. 玉勾连云纹瑗

战国
外径4.7厘米，厚0.4厘米

玉料呈青色，局部有黄白色沁。体作扁圆形，中心有一大圆孔，两面形式和饰纹相同，以阴线砣琢排列有序的勾连云纹。

65．玉卧蚕纹璧
战国
外径11.8厘米，厚0.4厘米

玉料呈青色，局部有褐色沁。璧体作扁平的圆形，中心有一圆孔，两面形式和饰纹相同，以隐起加阴线砣纹饰纹。内外边各有一圈凸弦纹，圈内满饰排列有序并呈几何式布局的卧蚕纹。

66. 玉镂雕双凤纹出廓系璧

战国
高5.7厘米，残宽9厘米

玉料呈碧绿色，局部有灰黄色沁。体扁平，两面形式和饰纹相同，以镂雕、隐起加阴线砣纹法制成。中部为一卧蚕纹璧，上端有一圆穿莲瓣式系纽，两侧各镂雕一形式相同并呈对称状的凤纹。双凤头颈及一凤之尾端原已残断。

67. 玉镂雕螭凤纹出廓璧

战国

横宽18.5厘米，厚0.4厘米

玉料呈白色，局部有灰白色和褐色沁。体扁平，两面形式和饰纹相同，以切割、镂雕、隐起加阴线砣纹法做成双凤一螭纹出廓璧，璧由双瑗合二为一做成，其中较小一瑗在内，饰凹槽弦纹；较大的一瑗在外，上于内外沿饰凸弦纹各一圈，圈内满饰排列有序的卧蚕纹。玉璧于中心孔内出廓处，镂雕一卷曲的侧形侧视螭纹；外周的两侧出廓处，各镂雕一形式大小相同，但朝向相背的长冠凤纹，并呈对称状。

68. 玉四龙纹坠

战国

长4.7厘米，最厚0.9厘米

玉料呈白色，局部有黄色沁。器作中部略厚，两侧渐薄，横断面呈橄榄形的扁长方形，中心有一由两端穿透的圆孔。玉坠两面饰纹相同，皆以阴线纹饰两条龙纹。四龙以一面的两龙为组合，皆朝向相对，回首，椭圆目，身尾勾缠，身饰绳索纹。

69. 玉卧蚕纹圆管

战国

长5.7厘米，径1.4厘米

玉料呈青绿色，通体有深浅不同的褐色沁。器作圆管形，中心有一上下垂直相通的圆孔，外周近两端各有一圈凸弦纹，其间满饰排列有序且隐起状的卧蚕纹。

70. 玉螭形冲牙

战国

长 7.1 厘米，厚 0.4 厘米

玉料呈白色，通体有深浅不等的褐色沁。体作扁平的牙角形，两面形式和饰纹相同，以切割加阴线砣纹法制成。螭张口露齿，水滴式目，头后有角或冠且卷翘，尖尾，呈"S"形弯曲。玉璃首部穿一圆孔，可供系佩用。玉冲牙，为西周至战国时流行的成组佩玉中组件之一，作布坠于最下一层用，因佩挂走路时相互冲击发出轻轻的丁当声且形似牙齿，故名。其形有作凤、作蚕或如此作螭者。此为其一例。唯玉冲牙不论何形，皆成双成对，且大小形式相同，此仅见一件，另一件已失。

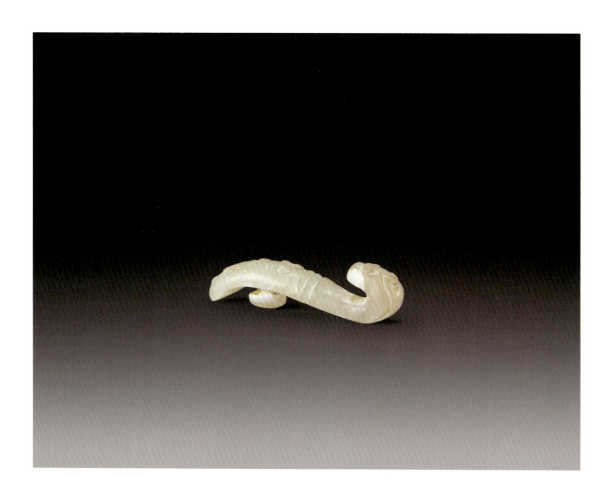

71. 玉龙首云纹带钩

战国

长5.2厘米

玉料呈青色，局部有白斑色沁。带钩圆雕，形作一回首后弯的龙头，腰尾上拱并饰弦纹和云纹，腹下外凸一椭圆形纽。

72. 玉龙首多节式带钩

战国

长8.6厘米，高2.1厘米

玉料经浸蚀后呈灰白色和黑褐色。带钩以回首龙头为钩首，腹面有三组浮凸和凹下的龟形饰，底有一长方形纽。

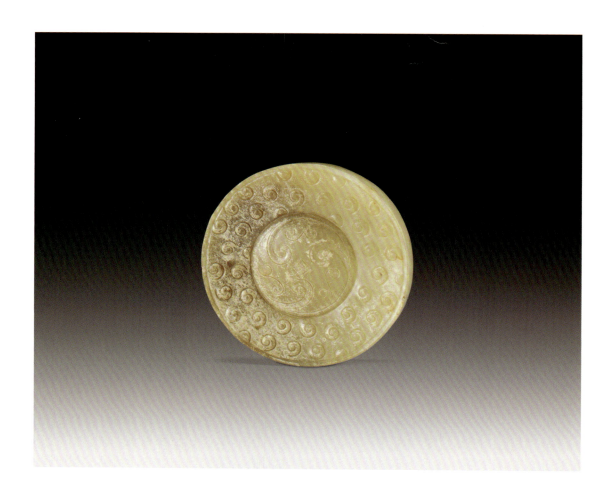

73. 玉涡纹剑首

汉

外径5.1厘米，厚1厘米

玉料呈青色，局部有褐色和泥黄色沁。器呈扁圆形，正面中部弧凸，上饰网纹和水涡纹，其周围一随形圆圈内满饰排列有序的卧蚕纹；底面平素无纹，中部有一圆形的细线凹槽，其侧的等腰三角形处，各有一斜下并与其内凹槽相通隧孔三个，以供与剑把结缀时用。玉剑首为"玉具剑"的组件之一，用于装饰剑把首端，始见于春秋晚期，魏晋时渐少。

74. 玉附残铁剑变形兽面纹璏

汉

通残剑长23.5厘米，璏宽6.3厘米，最厚2.3厘米

玉料呈青色，通体有黄色和灰黄色沁。器呈一端尖一端有一凹缺口的箭头形，中部厚并成脊，两侧渐薄，中心有一两端相通的椭圆形穿孔以纳剑，璏两面形式和饰纹相同，皆以粗细不等阴线饰一变形且图案化的兽面纹。此形玉器，大多是所附的青铜或铁剑已脱落失群而仅剩的玉饰，故一般不详其用。此器附有铁剑残段，是知此类器是嵌在剑把和刃之间用，其名俗称隔、格等，但其时的学名应称玉璏。

75. 玉兽纹璲

汉

长9.1厘米，高1.1厘米

玉料呈青色，局部有褐色沁。器俯视呈长方形，侧视呈两侧各有一不同形式的下垂脊饰，近一侧有一长方形饰及随形一长方形穿孔。玉璲俯视的正面主体处，以阴线饰一云形鼻、虎目及身尾饰三段云纹式变形伏卧式兽纹，近两侧各有一道直线弦纹。此类玉器，始见于战国，后延续至魏晋，形式、用途基本相同，均饰于"玉具剑"(即一种上装饰嵌缀有玉器的剑)中的剑鞘近口处。嵌缀时，其正面有纹图处朝外，下部长方形饰贴于剑鞘外表，其穿孔既将绳索与剑鞘结缀加固用，又可供革带穿入孔中系挂束腰用，颇具匠心。值得指出的是，这类玉器之名，早前曾定为"朝文带"饰，即作玉带嵌物之用，经科学发掘证实，它实作剑饰而非带饰。

76. 玉螭纹珌

汉或魏晋

高3.4厘米，底端宽4.9厘米，最厚1.3厘米

玉料呈白色，局部有灰白色和褐色沁。器俯视两端呈橄榄形，侧视呈梯形，一面以浮雕加阴线饰一爬行状的螭纹，一面光素无纹。玉珌从两端中央垂直穿透一圆孔，可供剑鞘榫直接插入孔中加固嵌缀用。玉珌是玉具剑饰物之一，作嵌缀于剑鞘末端以保护鞘末不被损坏用，始见于战国，盛行于汉，至魏晋南北朝时渐消失。

77. 玉琀蝉

汉

长6.8厘米，最厚0.8厘米

玉料呈白色，局部有褐黄色沁。体略扁，一端厚，一端薄且尖，中部弧圆凸，两侧边渐薄并呈钝刀状。蝉两面饰纹不同，一面作头端两侧各有一呈对称状的凸脊式目，首及颈以阴线饰五官，背饰双翅，一面除颈下以交叉线饰嘴纹外，又于近尾部饰凹凸的腹部皱纹。玉蝉早在红山文化玉器中就有，后历经不衰，但形态和用途各不相同，其中汉代玉蝉，多作敛尸用，置死者口中，故称玉琀，此为其一例。

78. 玉镂雕飞鹰(或凤)形佩
汉
长8.8厘米，厚0 3厘米

玉料呈深绿色，局部有灰白色沁。器扁平，形作一不甚规则的璜，两面形式和饰纹相同，以切割、镂雕加细密的阴线砣纹制成。鹰作钩形喙，橄榄形目，回首侧视，宽长的双翅展开，呈飞翔状。玉鹰除中部颈下有一由一面穿钻的圆孔外，双翅的末端各有两个小孔，皆可供系佩用。此形玉鹰，在汉代玉器中，曾见陕西省西安市出土一件，现藏陕西省西安市文物园林局，此为其二，很难得。

79. 玉镂雕犀象纹瑗

汉

外径8.7厘米，厚0.5厘米

玉料经浸蚀后呈碧绿色且局部有灰白色和浅褐色沁。体作不规则的扁圆形，中心有一不规则的圆孔。器两面形式和饰纹相同，以切割、镂雕加阴线纹饰一变形犀牛和一变形象纹。所饰犀牛，半月形目，张口露齿，下唇和身尾延伸变形，作侧身侧视的卷曲盘绕状；所饰一象，亦半月形目，长鼻前伸，耳后贴，身尾亦变形卷曲，呈侧身侧视并与前述犀牛相对向。近似玉瑗，在汉代常见，其饰纹有龙、凤、螭或熊等，如此饰犀牛和大象者，很罕见。

80. 玉螭纹韘

汉

长 5.8 厘米，最厚 1.3 厘米

玉料呈青白色，局部有乳白色和浅褐色沁。器圆雕，一面微弧凸，一面内凹，以切割、浅浮雕和阴线砣纹手法制成。中部有一心形圆孔，孔侧凸起一钩形饰，弧凸的一面浅浮雕一穿云爬行状的螭纹，弧凹的一面阴刻流云纹。

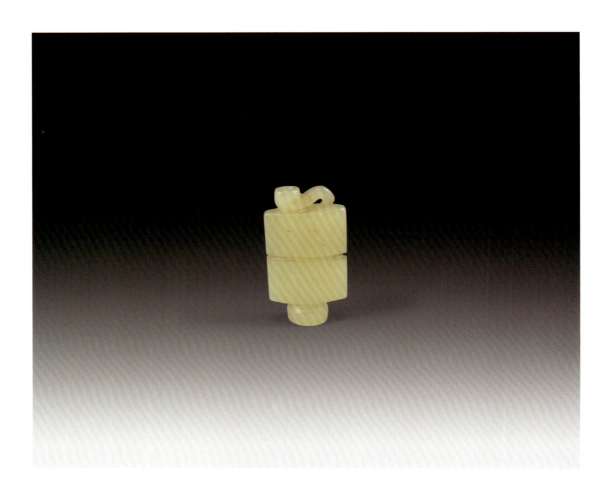

81. 玉司南佩

汉

高 3.9 厘米

玉料呈黄色。器略扁，呈中央弧凸、两侧渐薄的长方形，中部以横线弦纹将器分为上下两节，上端镂雕一勺，勺柄下有一穿孔可供系佩用，下端有一外凸圆盘式饰。此类器在汉代出现，时称"司南佩"，寓意佩者能有明确的方向，而不会走歪门邪道。

82. 玉螭纹琵琶形带钩

汉

长11.1厘米，高1.6厘米

玉料呈白色，通体有黄褐色沁斑。带钩作龙首形，腹面浮雕一爬行于云中状的螭纹，腹下有一圆形纽，通体似琵琶状。

83. 玉镂雕"苍龙教子"形带钩

汉

长 15.7 厘米

玉料呈白色，局部有褐色沁。带钩以切割、镂雕加阴线砣纹制作。钩首作一回首龙头，双耳外凸成脊齿，水滴式目，平嘴微张，身向腹面延伸；钩腹正面饰一螭纹，亦作回首，头形与前述龙首相似，唯双耳呈"八"字形外张略异，有四爪足，作卷曲爬行状，于其身侧饰涡纹、柿蒂纹等；钩腹底有一圆形凸纽，以供与革带结缀时用。玉带钩始见于春秋晚期，后历代沿用，形式大小和用途含义等亦不断地变化。汉代玉带钩较多，但作如此长大和饰纹精美者，很罕见。值得指出的是，考古资料证实，汉代玉带钩仍作实用品，但亦开始注意其形的含义。如龙似已表示帝王，螭，据记述，为龙长子，有继承帝王位之权，但他做帝王之前要由在位帝王，即其父王在平时对其进行管教以促其成长。有鉴于此，这件玉带上所饰龙、螭均作回首的情景，很可能就有"苍龙教子"的含义。

84. 玉辟邪

汉

高 6.1 厘米

玉料呈青绿色，局部有少量的黄色沁。辟邪圆雕，张牙露齿，上唇上翘且卷，双耳凸起，长颈，挺胸，四爪足，身饰云纹，尾下垂且尾尖上翘，整体呈昂首前视的伏卧状。

85. 玉仙人骑神兽形饰

汉

长6.5厘米，高5.4厘米

玉料原呈青白色，经浸蚀后有黄褐色沁。器以圆雕、镂雕加阴线砣纹作一仙人骑神兽形饰件。所饰一仙人，头后有长发后飘，身着披肩短裙，下穿长裤且似露爪，双手抓扶其前神兽鬃毛，双足分开坐骑于神兽背上。所饰神兽，昂首前视，微张口，双耳竖立，颈背有长浓鬃毛飘于两侧，垂尾，四爪足，一前足抬起，呈欲前行状。西汉玉器中，在陕西咸阳章陵遗址中，曾出土一件仙人骑天马形饰，其上一仙人与此器仙人相似，唯所骑者为一有翅天马，而此器为神兽，不仅无羽翅，且作爪足而非蹄足，是知其年代虽在汉代，但其含义似与前述咸阳出土的一件有别。

86. 玉龙柄勺

汉

长 15.6 厘米

玉料呈青色，局部有黄白色沁。器圆雕，形作一龙柄长勺。勺柄首端饰一张口露齿，凤眉圆目，头后有双角(或耳)的龙头，龙身呈弯曲状并兼作勺的长柄；勺面呈水滴形，腹及底外凸弧圆，内空可贮物。汉代有近似造型的青铜勺，以玉为器者，很罕见。

87. 玉猪形握

魏晋南北朝

长8.25厘米，高2.5厘米

玉料石性较重，经浸蚀后呈黄褐色，间有白斑。器圆雕，玉猪上唇略翘，双耳竖于头侧并贴于颈，尾如螺形卷曲，呈伏卧状。玉猪握，多作葬玉用，始见并盛行于汉，魏晋南北朝虽偶有所见但已为数不多，且玉质略差，但其造型、饰纹一脱汉代抽象及"汉八刀"手法而向写实和饰纹简化发展，此为一例。

88. 玉鸟首兽身形器

魏晋南北朝

长5.8厘米，高3.3厘米

玉料呈白色，局部有褐色沁。器镂雕，形作鸟头兽身式。其中鸟头部分，头后有一长冠垂于兽背，鸟作尖喙，额有长须垂于颈胸前；兽身作四蹄足，"S"形尾，呈伏卧状。

89. **玉镂雕舞人饰**

魏晋南北朝
高6.8厘米

玉料呈青白色，局部有浅褐色和浅白色沁。器以切割、立体镂雕加阴线砣纹制成。舞人为男仕，头戴橄榄形帽，身着长宽袖右衽束腰短衣，足穿长筒靴，右手举至头后和背侧，左手摆于腹前，呈双足跳跃而舞状。玉舞人，战国至汉代常见，有圆雕、镂雕和片雕者，但所见皆作女仕像，如此作男仕形者，很罕见。此件舞人，从舞动形态看，似有汉代遗风，但从衣着看颇有唐代风格，据此推测，其制作年代当在魏晋南北朝间。

90. 玉镂雕奏乐仕女
南北朝
高 4.9 厘米

玉料呈青白色，局部有黄褐色沁。器以圆雕、镂雕加阴线砣纹制成。仕女头后髻发，身着束腰宽袖连衣长裙，双手佩镯并托一乐器作吹奏状，呈一足跪地、一足抬起状。奏乐仕女，有汉代遗风，但汉代很少见。又，其衣着佩饰亦似较晚，故此器上限为东汉，而下限不晚于隋唐。

91. 玉镂雕三佛形摆件

南北朝

高 12.9 厘米

玉料呈青色，局部有黄褐色沁。器以圆雕、镂雕加阴线砣纹作三佛直立于莲花状饰。三佛中，中央一佛较高大，头后有佛光，冬瓜式脸，着宽袖束腰长袍，双手拱于胸前正视前方；另二佛分立于前述一佛的左右，形式大小相同，但朝向各异，且较中立一佛稍矮，平头顶，着宽袖束腰长袍，侧身正视。三佛皆足踩仰覆莲花纹座上，间以镂雕云气纹将三佛相隔。

92. 玉镂雕莲花纹瑗

唐
外径8.8厘米，厚0.5厘米

玉料呈深青色，局部有白色沁点。体作不规则的扁圆形，中心有一圆孔，两面形式和饰纹相同，以切割、镂雕和阴线纹饰缠枝式六花六叶莲纹。此器"好大于肉"，即中心的孔径大于玉质一侧的宽度。其形据《尔雅·释器》载，它应名瑗。又上饰六朵莲花，其中瑗之皆音为"姻"，莲谐音为"联"，寓意"联姻"，是知它是自唐代开始出现的"图必有意，意必吉祥"的典型实例之一。

93. 玉雁纹嵌饰

唐

横宽3.7厘米，厚1.2厘米

玉料呈深绿色。体略扁，椭圆形。正面镂雕加浮雕和细密的阴线，饰一回首展翅飞翔状的雁纹。背面平，中部内凹，并留有实心钻剔地的磨琢痕，边框上有三对斜透相通的圆孔，以供嵌缀时用。此器背面有三对供结缀用的隧孔，是知为嵌结物。因器物较小，故其用或为服饰，或为玉革带上嵌缀用的带饰。唐代玉器上多见以雁为本摹作的纹图，这与雁出行时成群结队，作有序列的飞行，及雁为"一夫一妻"且终生为伴的生活习性，正合封建社会中倡导的伦理道德有关。

94. 玉衔枝叶雁纹带板

唐

面边宽4.7厘米，厚0.6厘米

玉料呈深青色。器作扁平正方形，正面以浮雕加阴线砣纹，饰一展翅飞翔，口衔一折枝宽叶枝条的雁纹。背面平素无纹。近四角各有两个斜透相通的隧孔，以供与革带结缀时用。

95. 玉胡人纹铊尾

唐

长5.6厘米，厚0.8厘米

玉料呈青白色，通体有黄色沁。体略扁，椭圆形，正面平，背面微弧凸。正面挖地隐起一立于地毯上作翩翩起舞状的胡人纹。所饰胡人，卷发，身着束腰窄袖衣，足穿筒靴，右手握一角形器，呈手舞足蹈状。背面光素无纹，四角各有一对斜透相通的隧孔，以供与革鞓结扎穿缀用。唐代是中国大统一时期，国力强盛，中外文化艺术交流和人员来往频繁密切。其中还有大量"胡人"(即国外友拜人员)常驻当时的国都西安(时称长安)，有的还为当时宫廷的官员。与此同时，他们还把各国的文化艺术传播到中国。这件玉带板上的饰纹，即为其时历史的真实写照。

96．玉神兽纹带板（一套）

唐

最大一块长5.9厘米，均厚0.5厘米

玉料皆呈白色，通体有浅黄和局部有褐色沁。玉带板一套共16块，其中呈桃形4块，呈正方形的4块，呈长方形的6块，呈圆首不规则圭形的2块。各件皆正面的面积小，背面的面积略大，周边从正面一侧向背面一侧斜下呈坡状。正面均以隐起加阴线砣纹饰一神兽，皆张口露牙，颚下有须，肩上有一上飘的羽翅，长尾，或昂首前视，或回首顾盼，或伏卧，或奔跑，或慢步前行，姿态各异。背面平素无纹，除作桃形的4块带板外，其他各件均于近四角处各有两个斜透相通的隧孔，以供与革鞓结缀用。唐代玉带为一品以上官员及帝王专用品，其上饰纹种类很多，且成套完好保存者更为罕见，很珍贵。

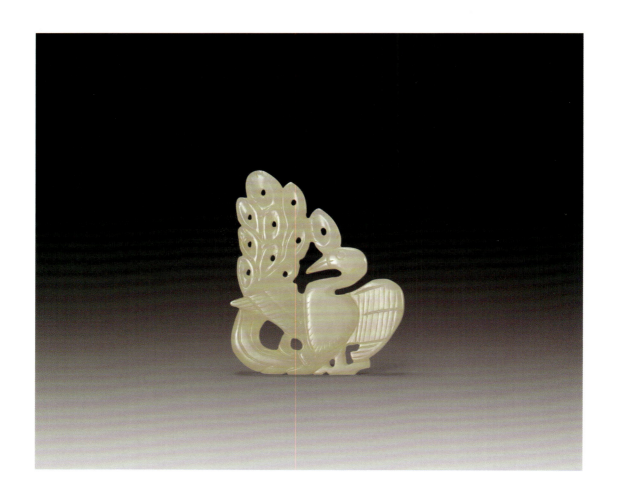

97. 玉镂雕孔雀形佩
唐
长5.6厘米，厚0.4厘米

玉料呈白色，局部有浅黄色沁。体扁平，两面形式与饰纹相同，以切割、镂雕和砣琢阴线纹等手法制成。孔雀作圆目，弯颈侧视，头上有一花形冠，展翅，尾上翘并作展屏状。器有镂空孔，可供系佩用。唐代常见以孔雀为本摹作的纹图或饰品，此为其一。孔雀之所以作纹样和饰品，与唐帝李世民之皇后的不平凡经历有关。其时有一家之女，才貌双全，各方追求者甚众，其父遂设一法，将画好的一只大雁挂在有一定距离的某处，让所有追求者用箭远射，其中射中的一位则可娶其女做妻。最后只有李世民一人射中并娶为妻，日后李氏做了皇帝并立其为后。时人为纪念这一传奇故事和李氏帝后，遂以雁为饰为佩以颂。

98. 玉鸭形坠
唐
长 6.3 厘米

玉料呈青白色，通体有黄褐色沁。器圆雕，玉鸭扁嘴微张，昂首前视，尾上翘，阴线饰羽翅纹，腹下有双足，呈伏卧状。玉鸭从背至双足间，有一垂直穿透圆孔，可供系佩用。

99. 玉鹦鹉形坠

唐

长 5.3 厘米

玉料呈白色，局部有黄褐色沁。器圆雕。玉鹦鹉作钩形喙，圆圈目，回首弯曲至背侧，作清翅状，微展翅，宽垂尾；呈直立状。以细密的阴线饰毛羽尾翅等纹。玉鹦鹉从背中至双足间，有一垂直穿透的圆孔，以供坠佩时用。

100. 玉雁形摆件

唐

长4.9厘米，高5.6厘米

玉料呈青色，通体有黄褐色沁。器以圆雕、阴线细密纹等手法制成。玉雁作钩形喙，水滴式目，昂首挺胸，展尾下垂，呈直状。

101. 玉鸠形杖首
　唐
　长13厘米，高4.6厘米

玉料呈青色，局部有浅褐色沁。器圆雕，玉鸠弯首侧视，以细密的阴线饰羽翅毛纹，呈伏卧状。玉鸠于伏卧的双足间有一穿而不透的较大圆洞，以纳杖首插孔中嵌缀加固用。玉鸠在汉代以帝王恩赐长者的形式作杖首用，有尊老敬老之意。此鸠较大，且底下有供嵌插用之孔，似亦与鸠杖有关，其意似亦与汉制同。

102. 玉镂雕衔叶雁形坠

唐

高 3.3 厘米

玉料呈青白色，局部有黄褐色沁。器以立体镂雕加饰阴线砣纹法制成。玉雁回首，圆圈目，细密阴线饰羽翅纹，口衔折枝叶；呈伏卧状。雁有自然形成的镂雕孔，可供佩系用。

103. 玉镂雕鸳鸯戏水形笔架

唐

长 10.2 厘米，高 6.2 厘米

玉料呈青白色，局部有黄色和褐色沁。器以圆雕、镂雕和阴线纹法制成双鸳鸯戏水形笔架。所饰两鸳鸯，相背立于下部饰成托状的水浪上，形式大小相似，一首朝前视，一回首，均以细密的阴线纹饰羽翅纹。器底平，呈波浪式，可置于案上。双鸳鸯中央之身、首两侧内凹可置笔，推测它原为一文房用笔架。

104. 玉松鼠

唐或辽

长6.9厘米，高2.3厘米

玉料呈碧绿色，局部有黄褐色沁。器圆雕，玉松鼠尖嘴圆目，长尾上翘于背，呈伏卧状。

105. 玉猪

唐

长4.8厘米，高2.4厘米

玉料呈青绿色，局部有褐色和黄白色沁。器圆雕。玉猪作圆目，平嘴，双耳后贴于颈，短尾下垂，呈伏卧状。玉猪从背至腹底垂直穿孔，以供系佩用。近似此器的玉猪，在唐代张九龄墓曾出土一件，推测它与上述一器为同期物。玉猪在汉和魏晋南北朝墓中常见，作葬玉用。因它们出土时多握在墓主的双手间，故又名玉握猪。唐代玉猪较少，是否有汉魏时之同样的用途不详。

106. 玉伏卧形狗

唐或宋

长6.3厘米

玉料经火烧后，呈灰白色和黑褐色。器圆雕，玉狗双大耳向头两侧垂展，阴线饰眉目，微张口，长尾卷至后脚侧，四爪足，呈伏卧状。唐宋间常见玉狗，多呈西洋玩赏狗形态，此为其一。

107. 玉狮形摆件

唐

高 7.6 厘米

玉料呈白色，局部有黄褐色沁。玉狮圆雕，昂首视天，张口露齿，方形鼻，双耳贴于颈，毛发卷曲浓密，披于肩及背上，足关节有撮毛，尾上翘，前双足直立，后双足呈蹲坐状。玉狮为外来动物，汉代始似有以其形为本摹作的艺术品，以玉为器，目前所见自唐代始，此为其一，且较大，很少见。

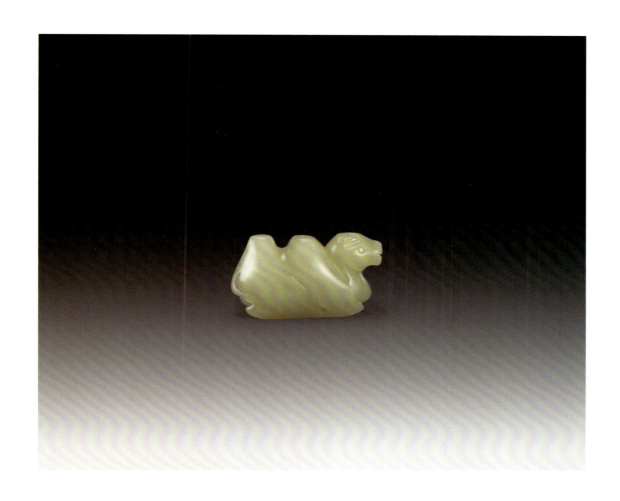

108. 玉骆驼形坠
唐
长 3.9 厘米，高 2.8 厘米

玉料呈青白色。器圆雕，玉骆驼昂首前视，双耳贴于头后，背有双峰，尾摆至右足侧，呈跪卧状。玉驼近头处的峰顶至腹下，有一垂直穿透的圆孔，以供坠佩用。

109. 玉骆驼
唐
长7.4厘米，高5.4厘米

玉料呈青色，局部有黄褐色沁。器圆雕，玉骆驼昂首前视，微张口，耳竖立，鬃发细密平齐并竖起，背负驼毯及鞍套，双峰，尾卷曲上翘，呈欲起立行走状。在古代艺术品中，自魏晋始，见有以骆驼为本摹作的器物，其中唐代最盛，很可能同当时与西域文化和贸易往来密切有关。

110. 玉镂雕有托马形坠

唐或宋

高3.2厘米，长5.3厘米

玉料呈白色，局部有红褐色沁。器圆雕，玉马垂首，颈部鬃毛向右侧飘下，背负马毯和鞍套，长尾卷至左侧，足踩长方形玉托，呈低头行而欲止状。玉马于背部鞍套凹下的中部，有一对斜透相通的圆孔，可供系佩用。

111．玉立体镂雕龙

唐

高5.4厘米

玉料呈青白色，局部有褐色沁。器以立体镂雕加细密的阴线砣纹法制成。玉龙头后有浓发毛，有须，扭颈回首且口衔其上翘的尾尖，细颈粗身，身饰网状鳞纹，长尾卷至背上并分三叉，四爪足，蹲坐在石座上。玉龙立体镂雕，生动逼真，独具唐代龙形特征，不失为一件艺术珍品。

112. 玉"胡人献宝"形坠

唐

高 4.9 厘米

玉料呈青白色，局部的绺纹处有浅褐色沁。器圆雕，胡人头戴盔帽，圆目，颚下留有浓密且平齐的胡须，双手捧元宝举于胸前，身着胡服(或盔甲)，一足跪地作献宝状。玉人从头顶至臀下，有一垂直穿透的圆孔，以供佩系用。

113. 玉达摩像

唐或宋

高6.2厘米

玉料呈青白色，局部有黄褐色沁。器圆雕，达摩光头，耳佩环，有胡须，身披袈裟，手佩镯，赤足，拱手而立。达摩从头顶至双足间，有一垂直相通的圆孔，可供系佩用。

114. 玉"胡人献宝"形饰

唐

高 5.1 厘米

玉料呈白色，局部有黄褐色沁。器圆雕，胡人圆脸，卷发，着紧身窄袖衣裤，双手托盘中盛一圆形宝物，呈盘足而坐，作献宝状。

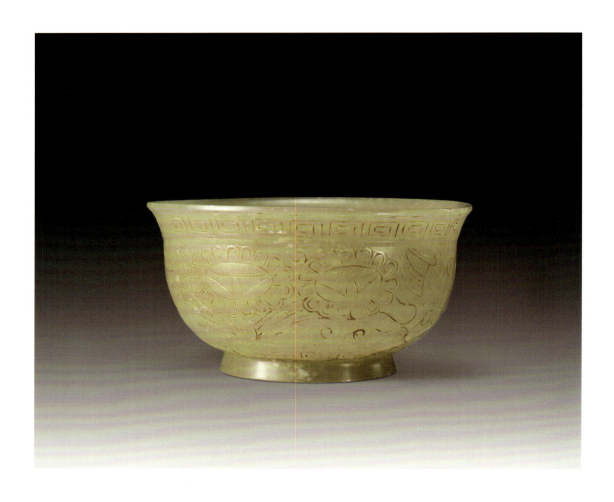

115.　玉花鸟纹杯

唐或宋

高4.6厘米，口径8.5厘米

玉料呈青色。器作圆形，撇口，圈足，腹面以浅雕加阴线纹饰两组鸟纹和点缀其间的六朵葵花与两朵莲花纹。其中鸟纹双双成对，喙尖长，头后有冠，长尾，展翅，虽翅间相连，但头相背，或即凤纹。近口和近足处，各饰一周云雷纹，并有一圈纽丝纹将腹上的各组花鸟纹相隔。

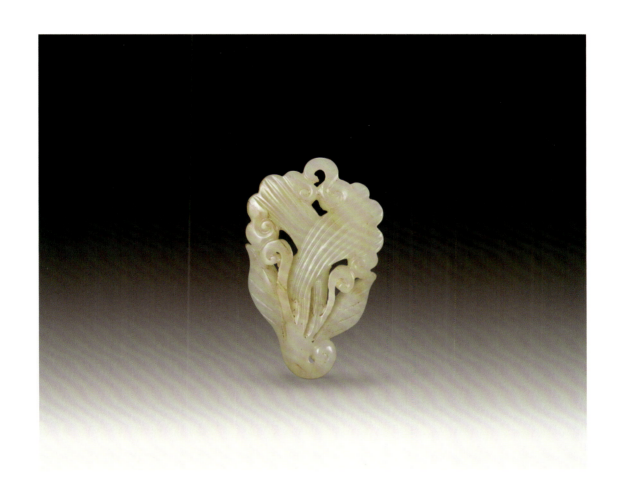

116. 玉镂雕凌霄花形坠

宋

高6.1厘米，最厚0.9厘米

玉料呈白色，局部有浅褐色沁。器略扁，以镂雕加阴线砣纹，饰通景折枝式双凌霄花纹。所饰凌霄花，似牵牛花，交叉盛开，下饰枝叶。玉饰于双花下部并为一枝茎，并自然弯卷成一穿孔，以供系佩用。

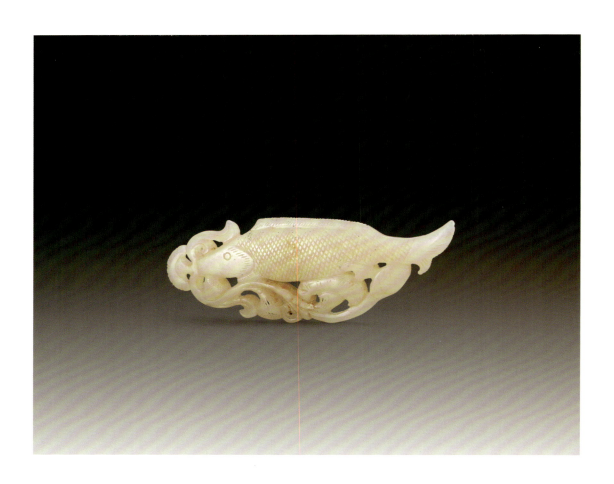

117. 玉镂雕"连年有余"佩
　　宋
　　长 7.7 厘米，最厚 0.8 厘米

玉料呈白色，局部有黄色沁。器以切割、镂雕加细密的阴线，作一口衔折枝莲荷花叶的鱼。鱼圆目，网纹饰作鱼鳞，长条形，有镂空孔可供系佩用。

118. 玉镂雕"连年有余"佩

宋

长 6.7 厘米

玉料呈青白色，局部有黄褐色沁。器以立体镂雕加阴线砣纹法做成口衔莲荷枝叶的鱼。鱼微张口，圆目，宽身展尾，身饰网状鳞纹。

119. 玉成组串佩

辽

通长16.5厘米，最厚一器厚0.6厘米

玉料皆呈白色，有的局部有黄色和浅褐色沁。串饰由六件玉器及串缀其间的五条银镀金链组成。六件玉器皆以镂雕加阴线砣纹制作，两面形式和饰纹相同。其中最上一件作盘缠状的图案，下结有五条活环链挂系五件写实或神异动物形玉器，一为双凤相亲形，一为单条"连年有余"形，一为双鱼龙变化连体形，一为双"连年有余"形，一为单条鱼龙变化形。此形玉器，在传世品中多已散落，今人往往仅见其中的单件物，完整成套为串者十分罕见。值得注意的是，在五条金属链中，似有一条为原样环结于其上一玉器，其余四条虽为原配，但其上部与玉器环结物，似为铜丝，推测它是因原物损坏被后期收藏者改用之物。

120. 玉镂雕"龟游"图坠

宋

长 5.6 厘米，最厚 2.5 厘米

玉料呈青色，局部有黄褐色沁。器以立体镂雕加阴线砣纹饰图。图中整体作一折枝莲荷枝叶和一朵盛开的荷花，于一宽大的荷叶上有一龟爬行其间。此式器，时称"龟游"图饰，有天下太平之寓意，主要在宋代兴盛。

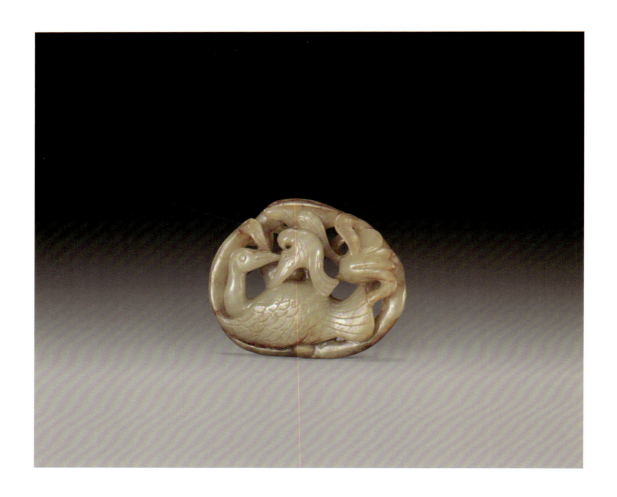

121. 玉镂雕"春水"图饰

辽或金
长5.3厘米，最厚1.4厘米

玉料呈青白色，通体有黄色和褐色沁。器略扁，呈不规则的椭圆形，以立体镂雕加阴线砣纹制成，作"海冬青啄雁"图饰。图中上部为海冬青，钩喙，圆目，垂首，作展翅飞翔状；下部一雁(或天鹅)，回首，亦圆目和展翅，形体大于海冬青十余倍，并作与其搏斗状；间饰莲荷花叶丛，以示其活动搏斗场所。海冬青为鹰的一种，虽较小，但飞速快捷，以食大雁(或天鹅)的脑浆为生，生长于我国东北黑龙江下游。该鹰因能捕杀大雁，历代帝王主要是辽、金、元少数民族建立政权者捕养海东青以待春天到东北三江平原等地去捕猎天鹅或大雁，既作游乐，又供美食。这种活动，时称"春水"，并以此题材比喻人少、威武的少数民族可战胜强大人多的汉族。这种玉器即以其为题材摹作的玉器之一。

122. 玉镂雕"三鹰"形手握

宋

长6.5厘米，高2.4厘米

玉料呈青色，通体有深浅不同的黄褐色沁。器以立体镂雕加阴线砣纹法制成。所饰三鹰大小不一，皆钩喙，圆目，有的展翅，口衔一折枝灵芝，以细密的阴线纹饰羽毛和尾翅纹，均立于树枝上，呈戏玩状。三鹰喻"三英"，三国时的刘、关、张三人，史称"三英"，这件玉器很可能是以其题材摹作的玉器，以推崇其义举雄略。

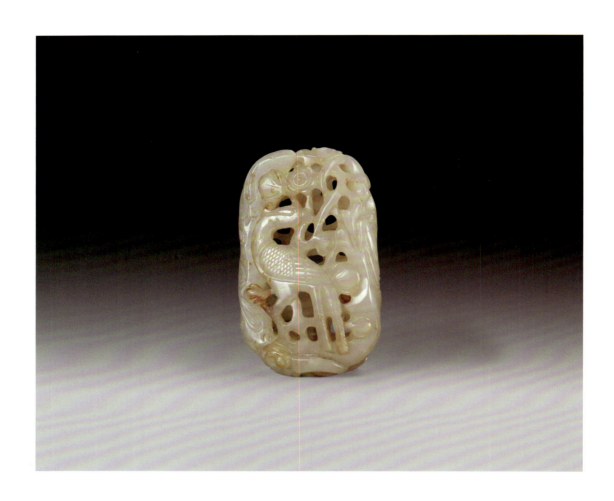

123. 玉镂雕凤纹饰

宋

高6.1厘米，最厚1.6厘米

玉料呈青白色，局部有黄褐色沁。器作椭圆形，中部厚并微弧凸，四面镂雕加阴线通景饰纹图，其中两侧和两面饰纹双双对应相似，即两侧各有一古树干，两面各饰一凤立于树枝上，间点缀树木枝叶和六瓣花卉纹等，呈对称状布饰。

124. 玉镂雕兽凤纹嵌饰

宋

长6.6厘米，厚0.9厘米

玉料呈青白色，局部有浅黄色沁。器呈不甚规则的三角形，正面弧凸，底面平，正面以多层镂雕加阴线砣纹饰一兽、一凤及花卉枝叶纹。所饰一兽在上部，双耳外展，嘴略尖，背有披毛，爪足，尾分双叉，呈回首伏卧状；所饰一凤，在左下角，回首观望其上面的兽，三角纹目，头后有长冠，展翅，呈直立状；兽与凤间，通饰牡丹和六瓣花卉各一朵，间点缀山石和枝叶。此器上的兽，似狗又似猪，但从尾分叉的情况看，似为一神异动物，其与凤和花卉组合为一器，有何含义待考。

125. 玉兔形坠

宋

长 6.1 厘米，高 3.6 厘米

玉料呈黄色，局部有浅褐色沁。器圆雕，玉兔昂首前视，挺胸拱背，双大耳后贴于颈背上，粗短尾上翘，呈伏卧状。玉兔双耳间的颈背处，有一垂直穿透至腹底的圆孔以供坠佩时用。玉兔在宋代颇多见，似比喻天上捣药的仙女。

126. **玉镂雕"秋山"图饰**

辽或金

长7.7厘米，高4.5厘米

玉料呈白色，局部有褐色沁。器作不规则的椭圆形山子，以立体镂雕加阴线砣纹饰通景"秋山"图。图中正面有两鹿，分置左右两侧，左侧一鹿回首顾盼，右侧一鹿昂首前视，立于山石上，与前者相呼应。背及双鹿间点缀树木及山石景，极富生活气息。"秋山"图，多见于辽、金、元三朝的艺术品上，往往以秋天山林为背景，以鹿或虎等动物和树木、山石为题材摹作图纹。此器即为其时较典型的作品之一，具时代风格。

127. 玉镂雕"天禄"形摆件

宋

长5.2厘米，高4.7厘米

玉料呈青白色，局部有黄皮色。器作神兽形，以圆雕、镂雕加阴线砣纹制成。神兽昂首观天，头顶有"珍珠盘"式角，微张口，胸饰伸长双羽翅并上展至背，尾上翘并贴于臀，爪足，呈伏卧状。此类以鹿为本摹作，但有羽翅及爪足者神兽，在宋元时常见，其名或即汉代文献中所述作辟邪拒恶用的"天禄"。

128. 玉镂雕獬豸形饰

宋或辽

长6.6厘米，高5.1厘米

玉料呈青白色，局部有黄褐色沁。器以切割、立体镂雕加阴线砣纹法制成。玉獬豸独角，回首仰视，毛发后飘，蹄足，卷尾分双叉且下垂，胸前饰灵芝，行走于一棵阔叶古树干上。獬豸神兽，传能识好坏之人或神鬼，有保护从善者、捕杀凶恶者之神威，以其为玉饰，在宋元时常见，此为其典型代表之一例。

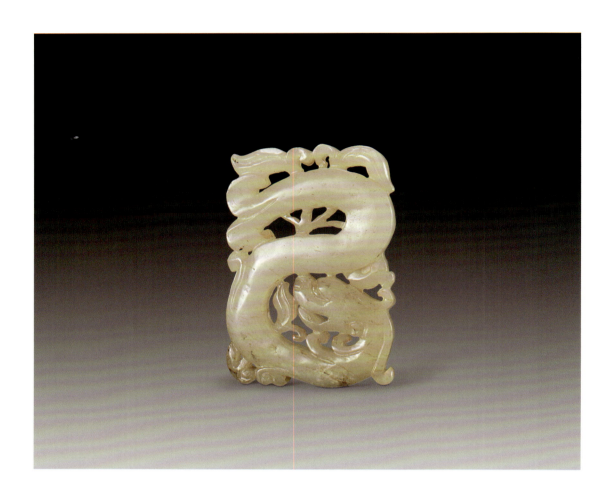

129. 玉镂雕草螭纹佩

宋

长 6.4 厘米，厚 0.8 厘米

玉料呈白色，通体有深浅不同的黄色沁。器作不规则的扁平长方形，两面形式和饰纹相同，以切割、镂雕加阴线砣纹法饰草螭纹。螭上唇粗长，下唇短小，头后有一弯曲上翘的角，且分两叉，呈回首弯曲爬行状。螭纹间点缀花木枝叶。宋代玉龙，无鳞者常见，其形式较多，作上天冲出者名升龙，在天际活动者称云龙，于水中活动者称海龙，于草木或竹丛中活动者称"草龙"。此器即为"草龙"之一式。

130. 玉镂雕龙纹带饰

宋或元
高8.1厘米，最厚1.7厘米

玉料呈青白色，局部有黄褐色沁。器上部呈圆形，且正面弧圆凸，背面内凹；下部有
一串珠式椭圆形环扣供挂结他物用。上部正面以切割、镂雕加阴线砣纹饰一三爪、无
鳞螭龙纹，间点缀缠枝莲和云纹等，周边饰一圈串珠纹。带饰于上部串珠环圈的两侧，
各有一长方形穿孔，可供革鞓插入孔中挂结用。玉带之用，从南北朝始沿用至明代。在
不同时期，玉带除造型、结扎于革鞓上的方式及纹图等不同外，嵌在革鞓中的块数亦有
所别。如与革鞓嵌缀方法，宋代至元代，多于两侧各透钻一长方形穿孔以供革鞓直接入孔
中用，既方便与革带结挂，又使结于带上的玉带板牢靠而不轻易脱落损坏。此为其一例。

131. 玉吹箫人纹带板

宋

长5.3厘米，厚0.6厘米

玉料呈青白色。器作扁长方形，正面微弧凸，背面平。正面以浮雕加阴线砣纹，饰一吹箫人，头带冠，双手举排箫于口上作吹奏状，着宽袖束腰长袍，盘腿坐于其下一竹笋形器上。背面平素无纹，四角各有一对斜下穿透的隧孔，以供与革鞓结缀时用。

132.　玉拱手直立人像

宋

高 7.1 厘米

玉料呈青白色，通体有深浅不同的褐色沁。器圆雕，玉人头戴发箍，表情肃穆，长脸，身着右衽宽带宽袖长袍，呈拱手直立状。玉人头顶发箍上横穿一圆孔，以供系佩用。

133. 玉镂雕"连生贵子"式佩

宋

高6.8厘米，厚1.4厘米

玉料呈青白色，局部有浅黄色沁。器以圆雕、镂雕加阴线砣纹法制成，饰童子举莲。童子圆脸，头顶留盖脑心撮发，身着"十"字短马褂，下穿"米"字纹长裤，右手举一折枝莲花背负于肩，花枝延伸至身体左侧，左手置腹前并掌握衣褂边，呈叉足前行状。宋代始，见有一种以一或两个童子手举莲花荷叶或活动于莲荷花叶中为题材摹作的玉器。其中莲荷花叶谐音为"连"，童子寓意"贵子"，合为一器一图时，俗称"连生贵子"。此为其中一例。

134. 玉镂雕飞天

辽

长6.2厘米，厚0.5厘米

玉料呈白色，局部有浅黄色沁斑。体扁平，以镂雕加阴线砣纹法制成。飞天长发后飘，冠帽正中有一圆圈形饰，瓜形脸且眉清目秀，身穿连衣长裙，肩披云带，双手举于胸前，赤足，下托祥云，呈乘云飞行状。器正背两面纹饰相异，二者相合恰为一整体人形。

135. 玉镂雕飞天

宋或金

高5.9厘米，长6.7厘米，厚0.6厘米

玉料呈白色，局部有黄色沁。体扁平，以切割、镂雕加阴线砣纹法制成。飞天冬瓜形脸，大耳垂肩，头戴莲花冠，头后有佛光形饰，身着束腰长衣裙，腹带系圆月形饰，双手上举于头侧，赤足，肩披云带，下托三朵祥云，飞舞于天际间。

136. 玉镂雕乘凤童子笄头

宋

长6.8厘米，厚0.5厘米

玉料呈青白色，局部有浅黄色沁。器扁平，以多层镂雕加阴线砣纹制成童子骑凤笄头形器。所饰童子，肩背一折枝莲花，双足跨骑于凤之长发上。所饰一凤，头顶有花形冠，口衔折枝莲荷花枝，发浓长且后飘，身尾变形呈"7"字，且末端有榫，以供金属笄嵌插用。值得指出的是，凤在宋代代表后妃，而莲谐音为"连"字。是知此器似为后妃用器，上饰童子应是帝王后代和未来的帝王，或兼有盼望后妃能"连生贵子"之寓意，颇具匠心。

137. 玉镂雕仙人骑凤形饰

宋

高 6.9 厘米，最厚 1.9 厘米

玉料呈白色，局部有黄褐色沁。器略作扁椭圆形，正面浮凸，背面内凹。正面以浮雕、镂雕加阴线砣纹，饰一组仙人骑凤形纹。所饰一仙人，头戴凤形冠，圆脸正视，右手握一圆柱形器并举于胸前，身着束腰长裙，跨开双腿骑坐于凤上。所饰一凤，浓长毛发上飘，展翅，多绺长尾张展并向上飘动，身下有三朵祥云。整器作于天际间飞翔飘动状。

138. 玉镂雕"迦楼"神佩

宋

长6.2厘米，厚2.1厘米

玉料呈白色，局部有浅黄色沁。器略扁，蛋形。正面以浮雕、镂雕加细密的阴线砣纹法饰人首鸟身式"迦楼"神，形作卷发、大耳、宽嘴的人首，双手支于地且掌心向外露，身尾作鸟形并呈展翅飞翔状。此式人首和双手支地及鸟身尾形器，多见于宋元时，时称"迦楼"神，用于驱邪避鬼。

139. 玉"英雄"形坠

宋或元

长5.2厘米，高1.9厘米

玉料呈青白色，通体有黄色和褐色沁。器圆雕，由一鹰与一熊复合为一器。所饰一熊，张口吐舌，梳形目并饰眉毛，身饰鱼鳞式毛纹，呈伏卧状。所饰一鹰，在熊的后足上，钩喙，展翅，伏卧于熊的背上。玉"英雄"器，除口端两侧各有一对斜通隧孔外，亦于熊的臀部斜透相通一隧孔，皆似供坠系时用。此器之熊谐音为"雄"，鹰谐音为"英"，二物复合后寓意"英雄"。

140. 玉羊形花熏
宋或元
长9.8厘米，高9.7厘米

玉料呈青白色，局部有黄褐色沁。器圆雕，作羊形，羊微张口，双角呈竹节状，并垂于颈背，长须，挺胸，昂首前视，尾垂贴于臀后，身饰阴阳连接的三角形几何纹和如绳索的卷缠涡纹，双前足略抬起，呈伏卧状。羊背上有一穿而不透的垂直圆洞，内可贮物，并有镂空缠枝纹和云纹盖，可供器内贮物的香气溢出。

141. 玉"腰缠万贯"式坠

元

长 7.6 厘米

玉料呈白色，通体有深浅不同的黄色沁。器圆雕作蝉形，椭圆形弧凸目，背中部有一从颈至尾端的凸脊，并由脊之高处向两侧斜下且渐薄。蝉背面以阴线饰双羽翅，腹面略平，上饰尾间的台阶状纹。玉蝉首端有两个斜下相通的隧孔，可供坠佩时用。玉蝉历代皆有，唯不同时代其形和用意略异。宋代始，此类器多佩于腰带上，加之蝉谐音为"缠"，故其寓意"腰缠万贯"。

142. 玉鱼形坠

元

长 8.9 厘米

玉料呈黄色，局部有乳白色沁。器圆雕，玉鱼口微张，圆圈目，背有脊齿，腹下有鳍，身有"米"字纹，展尾卷弯，似在水中游动。玉鱼嘴端至唇下，有一斜下穿透的圆孔，可供坠系时穿挂用。宋代始，鱼谐音为"余"，"米"字纹比喻谷仓，即"富贵"意，合为一器后，寓意"富贵有余"。

143. 玉鹅形摆件

元

高5.1厘米，长6厘米

玉料呈青白色，局部有黄褐色沁。器圆雕，玉鹅作回首状，圆目，下唇贴于背，翘尾，用一六瓣花纹布捆扎包紧身足。玉鹅在宋元时常见，但如此器用布包扎身足之形尚属首见，似为用作赠送之物。

144. 玉马形坠

元

长5.7厘米，厚0.9厘米

玉料呈白色，局部有黑褐色沁。体略扁，玉马昂首前视，鬃毛修剪平齐且竖起，尾下
垂，呈跪卧状。玉马从背至下部蹄足间有一垂直穿透的圆孔，可供系佩用。马形玉器，
历代皆有，唯宋代始，玉马除作玩赏品外，又寓意"一马当先"或"马到成功"。

145. 玉鼠

元

长 6.7 厘米，高 2.9 厘米

玉料呈青色，局部有黄褐色沁。器圆雕，玉鼠作尖嘴，昂首前视，双耳略竖起并向后贴于颈，长尾卷贴于后足，呈伏卧状。玉鼠历代少见，有者似为"十二辰"属之一，以供属鼠者用。

146. 玉狗

元或明

长5.5厘米，高2.5厘米

玉料呈青色，局部有灰白色和黄褐色沁。器圆雕，玉狗大耳贴于颈间，垂首弯转，嘴贴于地，卷尾，一后爪伸至口侧抓痒，通体呈弯腰伏卧状。

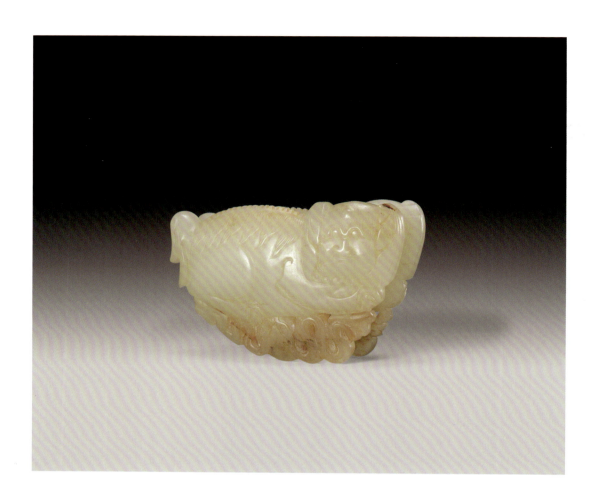

147. 玉狮子滚绣球形剑饰

元

长 6.8 厘米，厚 3 厘米

玉料呈白色，局部有黄褐色沁。器两面形式和饰纹相同，皆作玉狮滚绣球。玉狮额上凸出一圆形饰，圆目珠，阔嘴紧闭，毛发披背，尾下垂，足踩绣球，呈滚动玩耍状。剑饰于两狮身侧的中部，垂直穿钻一上口较大，下口较小的长方形穿孔，以纳剑把用。

148. 玉镂雕"太师少师"形饰

元

长9.2厘米，高7.6厘米

玉料呈白色，局部有黄色沁。器以切割、立体镂雕加阴线纹饰做成大小两狮形摆件。两狮中，大者在下部，昂首前视，张口露出獠牙，下颚有须，头后有长发，翘尾，四足饰火焰纹，呈伏卧状。小者在上，回首侧视，口露门牙两排，拱背翘尾，四足踩于大狮之发背及尾端上。元明玉器中，常见大小不同的双狮合为一器者，以此比喻"太师少师"。此为其一例。

149. **玉镂雕戏狮纹带饰**
元
面径7.4×4.5厘米，最厚0.8厘米

玉料呈白色，局部留有原玉料的黄色沁皮。器略扁，椭圆形，正面弧凸，背面内凹。正面以多层镂雕加阴线砣纹，饰戏狮人图。所饰戏狮人，立于右侧，头戴橄榄帽，着宽大束腰袍，手持系狮绳头呈拉动状；右侧一狮，回首，口系一绣球的绳索，呈向前行走状。间点缀花草树木和山石纹。

150. 玉镂雕螭纹带扣

元

通长 10.4 厘米

玉料呈白色。带扣由两块玉各作一器组合而成。其中一器呈不规则的方形，正面左侧有一龙首钩，正面镂雕一盘曲爬行状的螭纹，背面内弧凹呈圆形，中心有一圆形纽以供嵌入革带上用。另一器形式几与前一器同，其右侧有一长方形穿孔，供前一器之钩穿结用。

151. 玉镂雕戏狮纹带板(一套)

元末明初
最大一件长 9.1 厘米，各器均厚 0.7 厘米

玉料皆呈白色，局部有黄色沁。器皆扁平，共 18 块，其中窄长方形者 2 块，桃形者 6 块，宽长方形者 8 块，圆首圭形者 2 块。每器正面均以双层镂雕加阴线砣纹饰图。其中，凡作扁窄长方者饰折枝花果纹；凡作桃形者饰一狮伏卧于花果枝叶上；凡作宽方方形者，饰一戏狮人与一狮在花果丛中戏玩，唯形态和朝向相异；凡呈圆首圭形者，皆饰

一戏狮人与双狮在花果丛中戏玩。所饰狮纹，有的饰戏绣球，有的在石山上伏卧；而戏狮人，皆作头戴橄榄形帽，手执鞭绳，身着右衽束腰长袍。此式戏狮图纹，在元代及明初常见。值得指出的是，图中之狮纹在元代表示武官一品，加之戏狮人服饰与元代蒙古族服饰相同，故此器之造型虽与明代相似，但从总体纹图看，它当为元代晚期遗物。玉带板玉质精优，工艺精湛，加之一套保存完整，世所罕见。

152. 玉火龙纹带饰

元

边长 5×5 厘米，厚 1.6 厘米

玉料呈白色，局部有黄褐色沁。器俯视呈委角正方形，正面微弧凸，背面内凹。正面以浮雕加阴线砣纹饰龙戏珠纹。所饰龙纹，长发分两侧飘动，三爪四足，身有火焰，口前一火球状圆珠，呈卷曲爬行状。器侧视四边皆呈长方形，两侧边皆有一长方形穿孔，似供革带穿插之用。

153. 玉镂雕龙纹带饰

元末明初

长 9.2 厘米，厚 0.9 厘米

玉料呈白色，局部有浅黄色沁斑。器略扁，呈圆头圭形，正面微弧凸，背面内凹，正面以镂雕加阴线砣纹饰龙纹。龙长唇上翘，张口露齿，鹿角，长发后飘，细颈粗身，五爪四足，身饰网纹为鳞，前一足握珠，间点缀云纹，呈于天际间向前飘动状。

154. 玉镂雕天马形嵌饰

元

高5.2厘米，最厚2.1厘米

玉料呈青色，局部有黄褐色沁。嵌饰以镂雕加阴线砣纹法制作。上部镂雕整体颇似马的神兽，口衔双叉灵芝(或口吐云气)，头后有浓厚且分三叉的鬃发，长垂尾，四蹄足，行而欲止，兽四足下踩一四面阴刻云纹的长方形座，座内中心有一长方形穿孔，可供嵌插用。此器上部的神兽似马，足踩云纹座，或即汉代常见并称"天马"玉饰的变体。

155. 玉龟纽印（一对）

元

均高3.4厘米，印面宽4.5～4.7厘米

玉料皆呈墨黑色，局部有灰白色和红色沁。两印形式大小相同，印纽均作圆龟形，有一长方形系孔；印面呈正方形，周边有一随形凸弦纹，内以剔地阳纹篆书"书踪山青"四字。

裕福轩藏玉选·图版

156．玉辟邪纽"冲暮馆印"

元

高4.9厘米，面宽4.2厘米

玉料呈青色，局部有浅黄色沁。器上部印纽镂雕成独角，垂首，长发后飘，四爪足，尾上翘且分双叉，呈伏卧形的辟邪。下部呈正方形，底面有阴线砣"冲暮馆印"四字篆书铭。此器从其上辟邪看，制作年代似元，但"冲暮馆"不知何时人的斋堂号，待考。若非与印制作的同时人，则铭文为后刻。

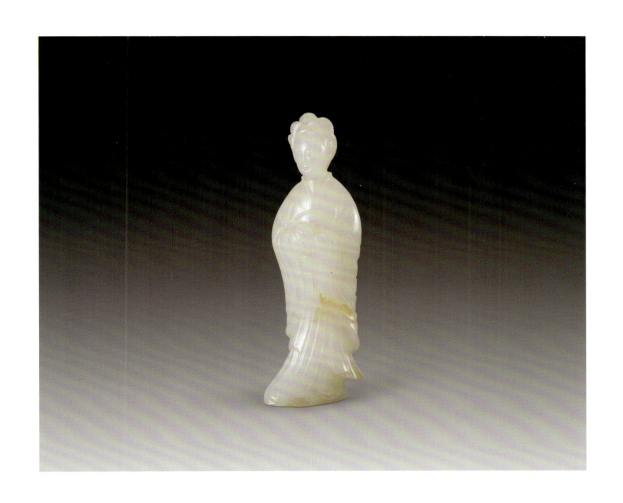

157. 玉"麻姑献寿"形坠

元

高 8.1 厘米

玉料呈白色,局部有黄色沁。器圆雕,麻姑髻发,冬瓜形脸,细颈宽胸,着束腰宽袖拖地长衣,双手捧一寿桃。

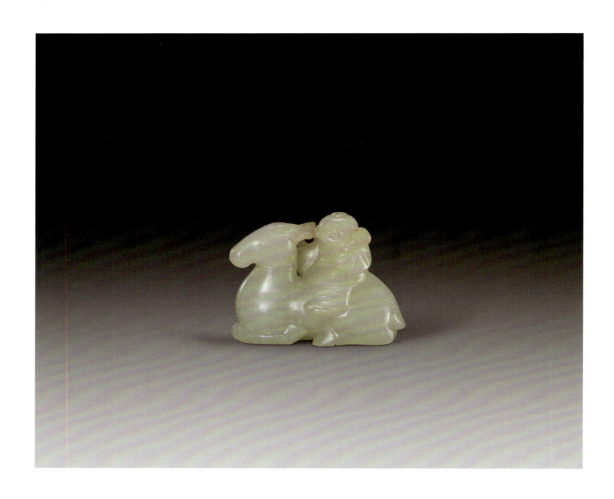

158. **玉"禄寿童子"形镇纸**

元

长4.7厘米，高3.8厘米

玉料呈白色，局部有浅黄色沁点。器以立体镂雕，浮雕加阴线砣纹手法，作一手持灵芝，头留撮发，着束腰短衣，跨足骑于鹿背上的童子。在艺术品中，以灵芝寓意长寿，鹿谐音为"禄"。据此，此器含义应是"禄寿童子"，意即童子长大成人后，既有官禄，又有一生长寿之福。

159. 玉"天马童子"形摆件

元

高7.5厘米

玉料呈白色，局部有黄色和乳白色沁。器以立体镂雕、浮雕加阴线砣纹，饰一童子骑马形摆件。所饰一童子，头顶中央留一圆形贴脑发，圆脸，左手持一折枝云形灵芝负于肩，右手前伸并紧抓马颈鬃毛，着束腰短衣裤，双足分开骑坐于马背上。所饰一马，昂首挺胸，双耳竖起前伸，浓长鬃毛向颈两侧飘下，尾下垂并紧贴于腹，四足踩其下流云，呈于天际间乘云奔跑状。

160. 玉"渔家乐"形坠

元

高6.5厘米

玉料呈青白色，局部有浅黄色沁。器以圆雕、镂雕加阴线砣纹制作。仕女头戴布巾帽，冬瓜脸，长发后披至右手背，身着短衣裤，左手提一条身有"米"字纹的鱼举至胸前，呈叉足前行状。器于头侧穿一圆孔，可供系佩用。此器造型罕见，但从鱼身上有"米"字鳞纹及鱼形宽腹看，其上限可至南宋，下限可至明早期。其含义待考，此暂称"渔家乐"。

161. 玉"渔家乐"形摆件

元或明
高8.4厘米

玉料呈青白色。器以立体镂雕加阴线纹制作"渔家乐"图，上有一渔翁髻发无冠，长须飘动，着束腰宽袖长衣，右手握钩上有一条动感鱼的竹竿，左手抚挂于腰带上的淮篓，弯腰拱背，直立于岩石上。渔翁左足侧有一口衔一条鱼的鱼鹰，身前有一面向淮翁，作举手观乐状的童子。在玉器史上，凡与渔民生活有关的题材，多出现在清乾隆间或其后。此器不仅从玉料质色和工艺看，且从人物的造型衣着看，显然有宋元格调。若此断代可信，则此器当为迄今所见最早与渔家生活有关的作品，对玉器发展史有特定的研究价值。

162. 玉驯狮图圆盒

元或明

通盖高4.1厘米，外径5.5厘米

玉料呈青白色，局部有黄褐色沁。盒圆形，由盖和器两部分组成。盖面略平，上以浅浮雕加阴线纹饰一组驯狮图。图中有两人、一狮及布列其间的山石云龙纹。所饰二人，一立于右侧，着短衣长裤，右手握一棍棒并指向地；一人坐于狮背上，似与前者谈话；所饰一狮，立于图中下部，作回首仰视，长尾上翘；双人与一狮的头顶边际，有一龙，呈飞翔于云天状；间点缀山石。器圆口，收腹，圈足，内空可贮物。此器盖面饰纹，似驯狮图，但亦有云龙山石点缀其间，是知它并非写实性图纹，可能为神话故事。其含义待考。

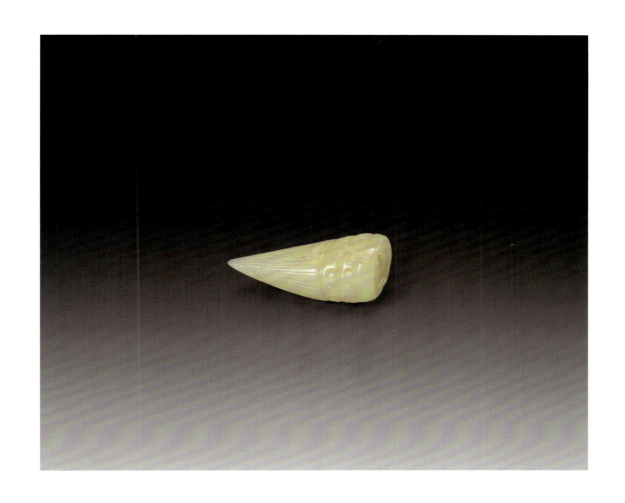

163. **玉竹笋形觽**

元或明

长 4.4 厘米，最大径 2.1 厘米

玉料呈白色，通体有深浅不同的黄色沁。器圆雕，作竹笋状，近粗的一端有两周圆圈纹，以示断折竹根；下部及至尾尖，有平行阴线纹表示笋尖上丝纹。玉笋于粗端的圆圈内正中有两个斜透相通的圆孔，以供系佩用。在中国传统文化中，竹示长寿，亦示君子风格；又因其生长时，有节节升高的特点，故又比喻小孩及其后的年岁、禄俸、财富等，有一年比一年长大、官越做越大、财富越积越多的吉兆。此器虽呈竹笋形，但它在古代玉器中是典型的玉觽，其用除"子事父母"帮助父母"解结"外，还寓意童子长大成人后，聪明与智慧超凡过人，世上一切疑难困结都能迎刃解决。其内涵深奥可见一斑。

164.　玉玉米形觽

元或明

长 7.1 厘米

玉料呈黄色，局部有乳白色和褐色沁。器圆雕，作玉米形，以细密的阴线砣纹及浮雕法饰玉米子粒和玉米皮等纹，颇为逼真。玉米茎间横穿一圆孔，以供系佩用。玉米，又称包谷，因其上长满众多的子粒而寓意多子，故在封建社会里，以玉为器，显然与人们盼多生贵子有关。

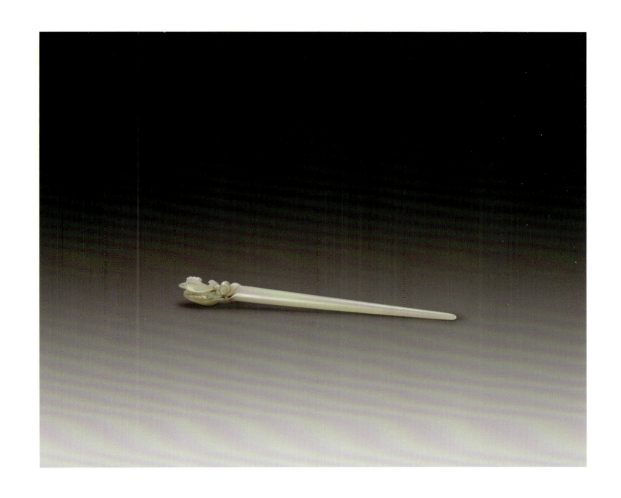

165. 玉镂雕"丹凤朝阳"纹笄

明

长 7.4 厘米

玉料呈青白色，局部有浅褐色沁。器作一端粗宽一端圆尖的长柱形，宽端以切割、镂
雕加阴线砣纹饰一凤首和一折枝牡丹纹。

166．玉"子冈"款牌

明晚期
长6.3厘米，厚0.8厘米

玉料呈白色，间有浅绿色和浅黄色沁。体作扁平的长椭圆形，正、背面上下两端均镂雕花卉和叶纹，其中部两面所饰图文各异，即一面在一圈随形开光内，浅浮雕不同形态的三人，作于瓮中提酒欢饮状，侧点缀松叶和岩石，似寓意三国时"刘关张桃园结义"典故；另一面有阳文行书铭文12字，末署阴文"子冈"二字款。子冈即明晚期琢玉名匠陆子刚，其所做玉器，署款有"陆子刚"、"子刚"、"子冈"三式。"子冈"牌，明清间较多，明代较少，真正的原作更少见。此器从艺术手法和工艺及沁色看，当为明代晚期物，但是否真由陆子冈制作，尚待进一步研究。

167. 玉花卉纹塑

明
高5.1厘米，径2.6厘米

玉料呈墨黑色，间有白斑。器作圆柱形，中心有一上下垂直穿透的圆孔，外壁上下各有一圈弦纹，间浅浮雕山石、菊花、梅花和竹纹等。

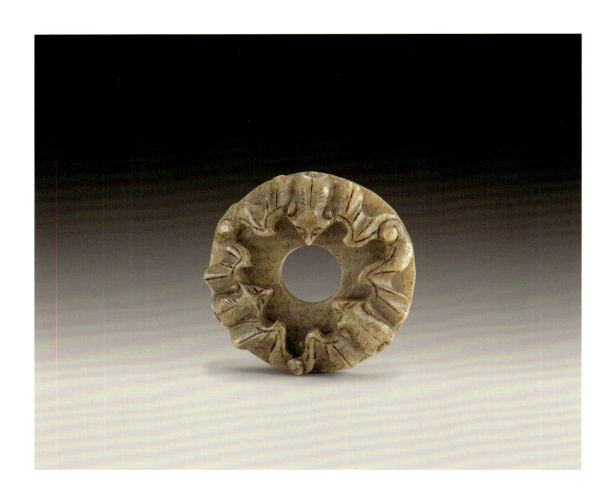

168. 玉"天降三福"璧

明

直径5.6厘米,厚1.5厘米

玉料呈青色,通体有黑褐色沁,体扁圆,中心有一圆孔,一面浮雕加阴线饰三只首均朝向中心圆孔的展翅飞翔状蝙蝠纹,一面平素无纹。蝙蝠谐音为"福",璧圆似天,是知此器寓意"天降三福"。

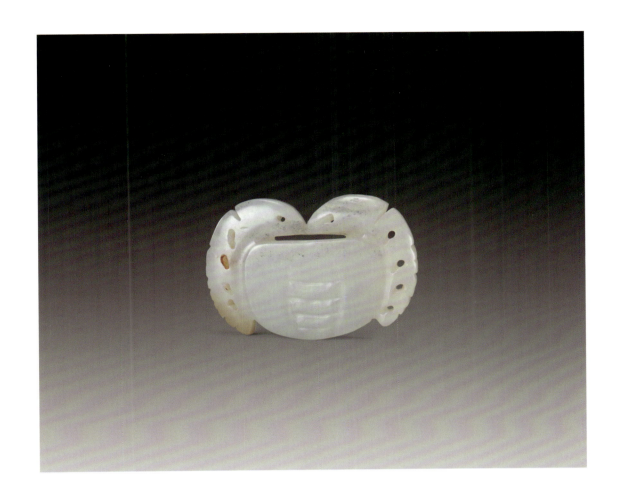

169. 玉螃蟹形坠

明

横宽5.6厘米，最厚1.6厘米

玉料呈青白色，局部有浅黄和褐色沁。器圆雕，形作一螃蟹，伏卧于宽大荷叶上。螃蟹双前大足钳与荷叶柄处，分别由两侧对穿一圆孔，可供佩坠时用。螃蟹，因其上有背甲而寓意"甲"字（即第一），下有莲叶，谐音为"连"，合为一器后，似寓意子女在科举考试中，从乡试到殿试均连考第一名。

170. 玉"长命富贵"铭销

明

长5.4厘米，厚0.6厘米

玉料呈白色，通体有浅黄色和褐色沁。器作扁平长方销形，上部中央凹缺口内镂雕一销之横梁，以供系佩用。销两面饰纹各异，一面近缺口处的两侧各饰一回旋纹，周边饰随形弦纹，其间中部浮雕两朵灵芝，其侧饰两株人参纹；另一面剔地阳纹隶书"长命富贵"四字铭。玉销在明清玉器中常见，作子女佩挂用，以此表示子女在成长中，用销把他(她)们"销住"而不会中途夭折。又，此器一面尚有寓意长寿的灵芝和人参纹，是知此器除寓意子女从出生始到成年平安无事，且成年后及至一生"长命富贵"。

171. 玉镂雕"吉庆有余"纹圆牌

明

外径5.4厘米，厚0.9厘米

玉料呈白色，通体有深浅略异的褐色沁。体作扁圆形，两面形式和饰纹相同，以镂雕加阴线砣纹，饰一磬和挂于其下的双鱼，间点缀灵芝和莲荷花叶纹。此器上的磬谐音为"庆"，鱼谐音为"余"，灵芝寓意长寿，莲谐音为"延"。是知此器除有"吉庆有余"寓意外，又有"延年益寿"的吉义。

172. 玉双龙并体式璜

明晚期

外径5.4厘米，厚0.7厘米

玉料呈青色，体扁平且环而不周，两面形式和饰纹相同，一侧有一大缺口，近缺口的
两端各饰一形式相同，朝向相对，上唇长粗，梳形目的侧视龙首。两龙身、尾于中部
合并为一，并有云纹、网纹和流云纹，以示足爪和鳞。玉璜于两龙首的口间各有一圆
孔，以供系佩时用。近似此器的玉璜在战国至两汉间有所见，但此璜近似有一缺口的
瑗形，这种造型不仅在战国至汉代罕见，且是否称为璜亦存疑。此器上的饰纹，虽有
战国和汉代的特点，但细审又有明显的差异而与明代仿古品相似，故严格来说，它是
盛行仿古玉器的明代晚期遗物。

173. 玉鱼龙变化式坠

明

长 6.7厘米

玉料呈青黄色，局部有褐色沁。器圆雕，以切割、阴线砣纹饰一鱼龙共身形器。所饰一龙之首部，双目微凸，口微张，头后双角后贴于颈背，身饰网状鳞纹，并于其侧与一鱼相连，而尾则与鱼合并为一。所饰一鱼，头部有双圆圈目，圆口大张，身饰鳞纹，并与其侧一龙身相连，而尾与龙尾并为鱼尾。玉坠于鱼口端有一较大且穿而不透的圆孔，似可插入他物作嵌饰用，另于龙首的嘴端有一横穿圆孔，似供系佩时用。玉器中常见鱼龙变化形器，多在唐以后出现，一般作龙头鱼身，此器作龙和鱼头各一，身相连而不并为一体，仅其尾并为一鱼尾，十分罕见。鱼龙变化，反映了世人从一般的阶层向更高一层发展的愿望。

174．玉童子骑坐鱼龙形坠

明

高3.9厘米，长5.1厘米

玉料呈青白色，局部有黄褐色沁。器以立体镂雕加饰阴线，作一童子骑坐鱼龙形坠。所饰童子，头戴橄榄帽，昂首，一手持鱼龙须，一手伸进鱼龙口内，呈骑坐鱼龙状。所饰鱼龙，头似龙，回首，独角且端分两叉，鼻上有一对长须，身尾似鱼，身饰"米"字式鳞纹。此式龙头鱼身形动物，俗称"鱼龙变化"，其形与跳龙门神话故事有关。值得指出的是，玉制鱼龙变化形器，多单个为饰，如此与童子复合为一器者，很罕见。

175. 玉云螭纹椭圆形砚

明

长18厘米，高2.6厘米

玉料有黄褐色沁。器略扁，银锭形，中部饰随形开光墨池，上有一花形水池，外周以浅浮雕加阴线饰云螭纹。

176. 玉"祝福"纹砚

明

长 17.2 厘米，厚 1.6 厘米

玉料呈青褐色。体扁平，正面一侧饰一有半月形水池的长方委角形砚纹，上部及右侧以剔地阳纹饰三棵挺拔高大的竹子及一飞向竹上的蝙蝠纹。底平，中央有剔地阳文"斋"(斋或帝)字。玉砚图中之竹子，谐音"祝"，蝙蝠谐音为"福"，故此砚之饰纹寓意"祝福"。又，若铭文为"斋"字，则此砚当为佛家用物，若为"帝"字，则此砚似帝王用物。

177. 玉折枝梅花形水盂

明

高4.1厘米

玉料呈青色，通体有深浅不等的褐绿色沁。器以切割、圆雕、镂雕加阴线砣纹法，饰一折枝梅花形水盂。水盂立体作即将盛开状的大朵梅花形，内空可贮水，外周除有梅枝外，尚有三朵较小的盛开的梅花，皆真实生动，极富艺术感染力。

178. 玉荷叶式笔舐

明

高2.3厘米，最大径6.5厘米

玉料呈白色，局部有红黄色和黄褐色沁。器作一略内卷的折枝宽大荷叶，内空可贮水。叶上以阴线饰花脉，以浮雕法饰枝条，并有一猴戏玩爬行其间。莲荷谐音为"连"，猴谐音并寓意侯禄，是知此器有"连升官禄"或"连升三级"之意。

179. 玉双童子把杯

明

高3.7厘米，口径7.7厘米，通耳宽10.3厘米

玉料呈青白色。玉杯圆口，收腹，两侧各镂雕一形态相同，足踩祥云，右手扶杯口，左手扶杯身并呈对称状的童子为杯把，底有呈鼎立状的三撇足。

180. **玉螭纹砚滴**
明
长6.9厘米，高1.8厘米

玉料经火烧后呈灰白色和灰褐色。器作椭圆形，内空可贮水，椭圆形口，平底，外壁浮雕一对呈卷曲爬行状的螭纹。

181. 玉松鼠纹瓜形杯

明

通把长8.6厘米，高3.3厘米

玉料呈白色，局部有浅黄色沁。器以镂雕、浮雕加阴线纹制作，杯作一瓜对切后的半瓜形，四方委角形口，内空可贮物，下收，梅花式足，一侧镂雕梅花枝叶为柄，并有一松鼠爬行其上且嘴衔杯口，腹外浮雕数朵梅花和枝叶。

182. 玉饰铭执壶

明

通盖高8.2厘米，宽13.2厘米

玉料呈青色，局部的绺纹处有褐色沁。壶圆体，由盖和器两部分组成。盖圆，顶中饰覆莲花圆纽及其下莲花瓣纹。器宽腹，内空可贮水，一侧镂雕变形螭龙形环把；一侧为流；腹两侧莲花瓣开光内，各以阳纹篆书饰铭文，一为"福禄永昌"，一为"长宜子孙"；近足处饰仰莲花纹一圈。

183. 玉山水人物纹山形笔架

明

长15.9厘米，高5.4厘米

玉料呈青白色，形作高低错落并呈左右对称状的五峰式山形笔架，正面微弧凸，以浅浮雕加阴线纹饰山水人物、楼台明月等纹，背面平，阴刻篆书七言诗两句，末有剔地阳文"文玩"二字圆章式铭。

184. 玉"英雄独立"山石形笔架

明
长 17.6 厘米，高 7.4 厘米

玉料呈青色，局部有褐色沁。器以圆雕、镂雕及实心钻具琢磨和阴线砣纹等技法，作一"英雄独立"式山石形笔架。形作巨石层叠，岩洞深秘且玲珑剔透，以实心钻具磨琢成麻状坑点纹，以示岩石的自然风化形态，上有一钩喙、回首垂尾的巨鹰立于其间，更显威严和苍劲古朴。玉器上常以一鹰比喻"英雄独立"，此为其实例之一式。

185.　玉"鹤鹿同春"图山子

明

高 8.5 厘米，宽 11.5 厘米

玉料呈青色，通体有较重的黄褐色沁。器圆雕为山形，饰有山石、流水、小桥、双鹤、双鹿和松竹花草纹，另于一处岩壁上阴刻隶书"高山流水感多端，鹤鹿同春意处弹"七言诗二句。

186. 玉"八仙过海"图摆件

明

高 6.6 厘米，宽 11.4 厘米

玉料呈青白色，局部有褐色沁。器圆雕成山形，通体在一株古桃树上饰各执一法器的八仙，间点缀满挂枝头的桃果和枝叶，一派人间仙境。

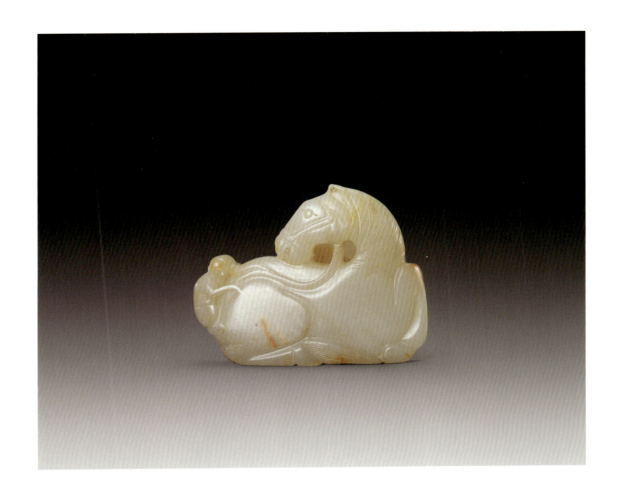

187. 玉"马上封侯"形带饰

明

长6.2厘米，高4.7厘米

玉料呈青白色，局部有黄色沁。器略扁，两面形式不同，正面以镂雕加阴线砣纹饰一回首跪卧式马，马臀后伏一前足拉缰绳的猴；背面平素无纹，中部浮凸一穿钻有长方形隧孔的环扣，可供革带插入孔中穿系用。猴谐音为"侯"，若猴饰于马背间者，通常誉称为"马上封侯"。

188. 玉"把酒问青天"图带饰

明
高6.9厘米，厚2.8厘米

玉料呈青白色，局部有黄色沁。器正面呈弧圆凸的椭圆形，上以浅浮雕加阴线饰"把酒问青天"图。图中一人立于中央，头戴乌纱帽、留须，着束腰宽袖长衣，右手托一酒杯，左手向天空斜上伸出，呈侧身侧视状。人物的身后有山石和一棵芭蕉树；侧有一条案，上置一香炉并升起一束盘绕向天飘动的烟云；头顶天空中一圆月出没于云层间。背面内凹，上有一似两束绳索捆扎为一环状的系扣，以供革带穿插其间。

189. 玉镂雕龙纹带板

明

长5.3厘米，厚0.8厘米

玉料呈青白色，局部有黄褐色和灰白色沁。器作扁平长方形，正面随形开光内，镂雕一五爪龙穿行于花丛中，底饰缠枝莲为锦地。所饰一龙，圆柱式虾目，如意鼻并朝向正面，发上冲，张口露齿，网纹饰鳞，呈侧身弯曲上升状。玉器中龙的形象起始于红山文化，后历代不断，唯形态各有所别。此器之龙纹为明代典型之作。

190. 玉兽形镇纸
明
长6.1厘米，高2.4厘米

玉料呈青色，局部有黄褐色沁。器圆雕，兽回首侧视，前双足伏地，后两足侧翘且长尾从足间伸出并延至口下。

191. 玉"太师少师"形饰

明

长5厘米，高2.5厘米

玉料呈青色，局部有深浅不同的黄褐色沁。器圆雕，作两狮并连形。两狮大小不一，首尾交叉，皆回首，圆凸目珠，各自的尾延伸至另一狮头侧并呈伏卧戏耍状。

192. 玉牧牛童子形摆件

明

长10.1厘米，高5.7厘米

玉料呈白色，局部有褐色和黄绿色沁。器圆雕，由一牛与一童子复合而成。牛作昂首前视，尾卷于臀侧，呈跪卧状。童子头留护脑撮发，一手扶牛头，一手扶牛背，双足分开，呈欲向牛背上攀爬状。

193. 玉镂雕何仙姑形嵌饰（一对）
明
均高5.6厘米，厚0.3厘米

玉料皆呈白色。体扁平，两器形式相同，朝向相背。正面以镂雕加饰阴线纹，作仕女
莲花图案，仕女头戴花形冠，身着宽袖束腰连衣裙，双手捧一插有莲花的瓶并举于头
侧，肩披云带，呈漫步前行状。背面光素无纹，唯见镂孔。何仙姑，神话故事中的八
仙之一，以美女形象出现，并为八仙中唯一女性，出现时常手提花篮，如此作手捧花
瓶状者，不多见。

194. 玉罗汉

明

高4.3厘米

玉料呈青色。器圆雕，罗汉光头，大耳，张口吐舌，头戴网状帽，背系竹笠，着袈裟，腰系宽带，呈蹲坐状。玉罗汉颈后横透相通一孔，可供系佩时用。

195. 玉提篮童子形坠

明

高 5.2 厘米

玉料呈青色，局部有黄褐色沁。器圆雕，童子头顶留一撮护发，圆脸，左手提举一插有灵芝的竹篮于肩侧，右手扶篮筐，上身着束腰短褂，下穿长裤，呈前行状。于竹篮提梁与童子耳侧有一镂孔，可供系佩用。在"二十四孝"故事中，相传有一母亲病重后示子想喝野生的鹿乳，子为得鹿乳，苦思妙法，肩披鹿皮，冒充鹿子，提竹篮潜进鹿窝终得鹿乳而归，以达孝敬病母。以此故事为本摹作的玉器，在明清中常见。其形式多为童子肩背披鹿皮，手提竹篮作盛乳状。此器造型中虽有提篮，但无鹿皮披肩，而多出灵芝。可否定名"鹿乳奉亲"童子，或另有寓意，待考。

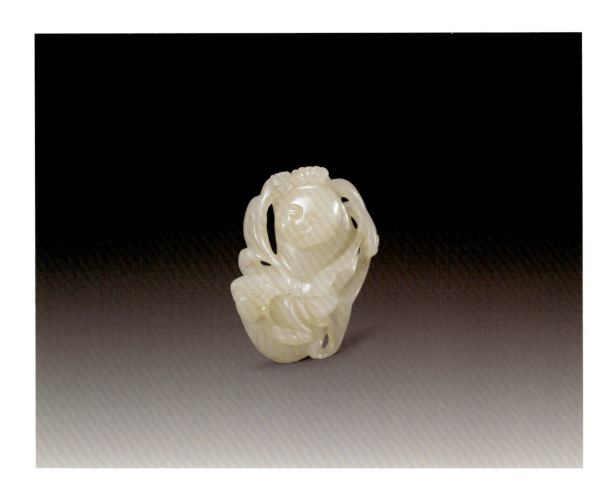

196．玉"刘海戏金蟾"坠

明

高5.4厘米

玉料呈青白色，局部有淡黄色沁。器以立体镂雕加饰阴线纹，作童子戏蟾蜍式坠，童子圆脸，面带微笑，头戴花式冠，手持折枝花，足下有一蟾蜍，呈戏玩状。明清玉器中，常见此式玉器，器上常有一串铜钱为饰，此为其一式。其题材通常称作"刘海戏金蟾"。

197. 玉戏鹅童子形坠

明
高4.3厘米

玉料呈青色，局部有褐色沁。器圆雕，作童子戏鹅式坠。童子椭圆形脸，张口微笑，左手持一折枝稻穗并举于肩背，右手戏玩其身前一鹅之首，身着束腰短褂和长裤，骑跨于鹅背上。童子头后稻穗间有一穿透圆孔，可供系佩用。元明间所作玉童子，大多手执各形物，以寓各种吉祥含义，此为其一。此器之稻穗谐音为"岁"，鹅寓意财富，是知这件玉佩坠既有"岁岁平安"，又有家财满贯之意。又，相传大书法家王羲之书写草书时，常观察鹅颈扭动之各种形态效法会意而书，遂日精。一次王拜访一农家，并会神地观察鹅颈扭动。当农夫了解王羲之真意后，提出若王能为他书写书幅，则可将鹅送给王。王满口答应农夫之求后，遂将鹅抱回家作长期观察用。此典故被后人广为流传，并称其事誉名"羲之爱鹅"。明清艺术品中，若见一鹅与一人(老人和童子均见)同时出现在一件作品上者即是依其典故而作。此为其一例。

198. 玉李铁拐形坠

明

高6.9厘米

玉料呈白色，通体有深浅不同的褐色沁。器圆雕为李铁拐像，头戴毡帽，身披袈裟，赤足且系环，双手扶铁杖，端坐于葫芦上，右手与铁杖间穿一圆孔。李铁拐，八仙之一，其用法器除铁杖外，又常与葫芦为伴，此为明代典型作品之一。

199. 玉"渔家乐"式摆件

明

高６２厘米

玉料呈青白色，局部有褐色沁。器圆雕，为"渔家乐"式摆件，渔翁头戴竹笠，昂首，左手扶竹棒，右手扶竹篓，端坐于鱼篓旁。

200. 玉"福寿"纹圆形饰

清晚期

外径6.6厘米，厚1厘米

玉料似石质，呈墨黑色，间有白色沁。体作扁圆形，一面的中心饰一"寿"字，侧有两朵如意式云纹并呈对称状；一面于一周随形弦纹内饰两朵云纹，中饰一折枝桃纹，下饰一蝙蝠纹。在古代艺术品中，自唐代始，桃寓意寿，蝙蝠谐音为"福"，云兆吉祥，是知此器是一件寓意福寿祥瑞的制品。又，此器质似石，纹图用刀刻作，且做工不雅，当为清晚期玉作的典型品之一，对同期玉器的断代有一定的研究价值。

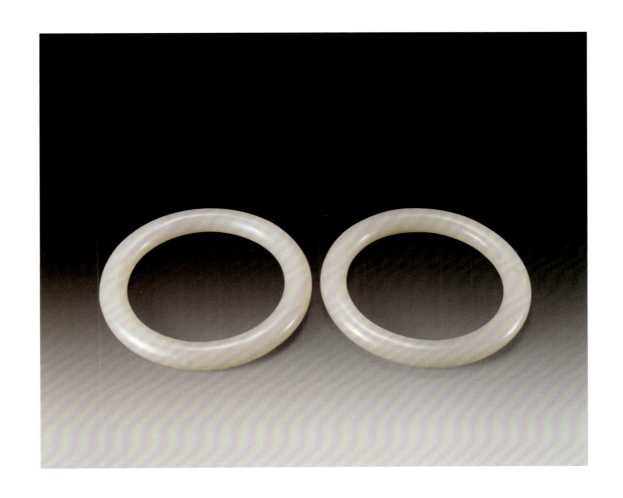

201. 玉镯（一对）
　　清中期
　　均外径 8.2 厘米

玉料呈白色，局部有浅黄色沁。体及横断面均作圆形，光素无纹。

202. 玉"海晏河清"纹圆牌
清中期
外径5.6厘米，厚0.4厘米

玉料呈青白色。体作扁圆形，一面以浅浮雕加阴线砣纹，饰一丛莲荷花叶及一燕向花丛中飞下；一面中部以剔地阳纹篆书"天时、地利、人和"六字铭。玉牌上侧有一圆孔，可供系佩用。

203. 玉"十二生肖"纹镜

清中期
直径5.7厘米，最厚0.9厘米

玉料呈白色，局部有浅褐色沁。器作一面内凹、一面微弧凸的扁圆形。弧凸的一面光素无纹，且光可照人；内凹一面的中部浮雕一爬行状的龟，其周围有内外二圈纹饰，内圈中有六个扇面形隔格，内有羊、猴、鸡、狗、猪、马各一只，外圈中亦有六个与内圈相似，但面积略大的隔格，每格中各有鼠、牛、虎、兔、龙和蛇一只，合为十二生肖。

204. 玉镂雕"禄寿富贵"铭销

清中期
横宽8.1厘米，厚0.4厘米

玉料呈白色，局部有褐色斑点。体作扁平的销形，两面形式相似，但饰纹略异，皆以镂雕加阴线砣纹做成。一面的两侧各镂雕一螭龙纹，朝向相背，形式相同并呈对称状；下端有一对首相向的蝙蝠；中部有一花形饰，上阴线砣琢一折枝牡丹花纹。另一面形式几与前述一面同，唯中部饰篆书"禄寿富贵"四字。中国传统文化中，以生男为荣，并希望其一生平安无事和升官发财。此器呈销形，若佩挂在童子身上，则有生命被销，任何邪恶都无法夺去之意，加之上饰螭龙、牡丹和四字铭文，寓意吉祥，以此表达长辈对孩童的期望。

205. 玉镂雕凤纹嵌饰

清中期

高 5.4 厘米，厚 1.1 厘米

玉料呈青色，通体有黄褐色沁。器略扁，正面以镂雕、浮雕加阴线砣纹，饰一钩喙、回首、长冠、呈"S"形弯曲的凤纹。背面近边作长方形随形框饰，内凹呈长方形。

206．玉"松下老人"纹方牌

清中期

长 4.1 厘米，厚 0.7 厘米

玉料呈白色。体呈扁长方形，正面浅浮雕加阴线饰松下老人图，背面平素无纹。图中上部及右侧饰一松及山石，中部及下侧，饰一髻发长须、着束腰宽袖长袍，呈端坐于石地上的长者。器近上端的中部，有一由一面穿透的圆孔，以供系佩用。

207. 玉浮雕双凤纹腰形饰
清晚期
长9.3厘米，厚1.1厘米

玉料呈青色，通体有人工伪造的黄褐色沁。体呈扁腰子形，中部有一随形穿孔，正面以浮雕加阴线砣纹饰一对形式相似的凤纹，凤张口，长冠长尾，首相向。背面平，以阴线饰八朵云纹及两个双圆圈纹。

208. **玉镂雕"亭亭玉立"图坠**
清中期
长5.6厘米，最厚2.5厘米

玉料呈白色，局部留有黄色皮沁。器呈蛋形，以立体镂雕加阴线砣纹制作一"亭亭玉立"图坠。图中一蜻蜓和一对蝙蝠飞舞于花叶丛中，其中底下一宽叶及茎以留皮俏色而作，生动、逼真。古艺术品中，以蜻蜓谐音"亭"，蝙蝠谐音"福"，是知此器既寓意美女"亭亭玉立"，又寓意"双福临门"。

209. 玉镂雕"丹凤朝阳"纹撇子

清中期

长24.4厘米，最厚1.6厘米

玉料呈白色，局部有厚玉质的糖色。器整体为扁平长方形，一端有一卷筒形饰，另一端弧圆，正面以镂雕加阴线砣饰三朵缠枝牡丹和四只姿态各异的凤纹，有的凤呈立姿，有的呈飞翔状，皆戏玩于牡丹丛中。

210.　玉镂雕"长寿"如意

清中期

长 16.4 厘米

玉料呈白色。器圆雕,以镂雕加阴线纹手法饰一由数朵大小不等的灵芝缠绕为一的如意。

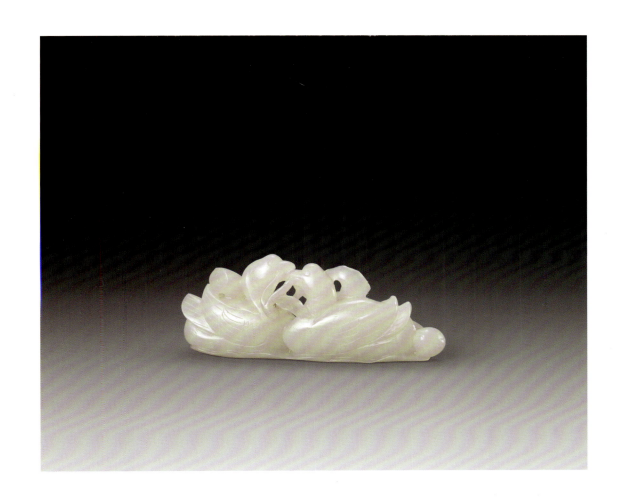

211. 玉鸳鸯卧莲形镇纸

清中期

长 7 厘米，高 3.7 厘米

玉料呈白色，局部有乳白色沁。器圆雕，形作雌雄两只相向且口衔折枝莲荷的鸳鸯，皆伏卧于荷叶上。

212. 玉镂雕天狗形器

清中期

高 7.2 厘米

玉料呈白色，局部有黄色沁。器以圆雕、镂雕加阴线砣纹制成，玉狗嘴长且细，大耳垂贴于头背，颈背浮雕一六瓣花，前双足直立，后两足蹲坐，昂首前视。狗后足下坐一面阴刻云纹的银锭式座，座中心有一垂直椭圆形孔，可供插入他物固定用。此器座上饰云纹，以示狗蹲坐在云天上，故名天狗，唯狗颈、背之间饰一六瓣花作何意不详，待考。

213. 玉"三阳开泰"形摆件

清中期
长10.5厘米，高4.7厘米

玉料呈白色。器以切割、圆雕、浮雕加阴线砣纹手法作"三阳开泰"形摆件，三羊大小形式各异，戏玩于山石上，间点缀灵芝。清代玉器中，常见以三只羊为器形或图案的器物，其中羊谐音为"阳"，寓意"三阳开泰"，此为其一。

214. 玉"富贵有象"童子形坠
清中期
高4.5厘米

玉料呈白色。器圆雕，形作肩负一串铜钱的童子，伏卧在直立的象背上。

215. 玉"连生贵子"形饰

清中期
高8厘米

玉料呈青白色，通体有人为的黄褐色沁。器圆雕，形作母子二人手举莲荷花叶。图中一女子似母亲，较高大，髻发，额中有痣，圆脸，手持折枝莲花举于肩，呈蹲坐状；一童子身体紧靠母亲左侧，头留护脑门撮发，似为子。自宋代始，玉器中常见童子持举折枝莲荷花叶形器。其中莲谐音为"连"，童子寓意"贵子"，合为"连生贵子"。以往所见"连生贵子"形器，均以单个童子为饰，如此由母子二人组合为器者，若无其他含意，迄今仅见此一器，且此式器仅在清代玉器中出现。

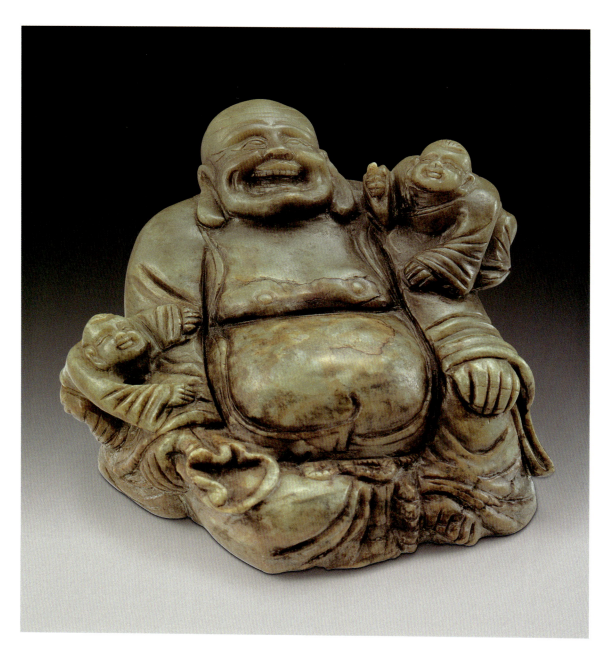

216. 玉弥勒像

清晚期

高13.2厘米，最宽14厘米

玉料呈青色，通体有人为的浅褐色和黄色沁。器圆雕，玉佛像光头露顶，大耳垂肩，张口大笑，着袈裟和长裤，大肚外露，左手抚左膝，右手执一串铜钱，盘腿端坐，其左肩及右手间各有一神态欢喜的童子，作戏耍攀爬状。

217. 玉"刘海戏金蟾"形摆件

清晚期
高18厘米，最宽18.6厘米

玉料呈青色，通体有人为的黄色和褐色沁。器以圆雕、镂雕加阴线砣纹制成，童子刘海额饰圆痣，张口微笑，大耳垂肩，露肚，身着短衣长裤，右手抚膝，侧立一金蟾，左手执一折枝莲荷花叶举于头侧，赤足，呈盘腿端坐状。

218. 玉镂雕"和合二仙"形摆件
清晚期
高11.1厘米，最宽7.1厘米

玉料呈青色，通体有人为的灰白色和黄褐色沁。器以圆雕、镂雕加阴线砣纹法制成，所饰"和合二仙"，大小高矮形态各异，大者在左侧，脑心留护发，大耳，口微张且吐舌尖，着束腰长衣长裤，一足着地，一足踩于一莲藕上，双手持一长大折枝莲荷花叶及莲蓬举于肩背后；小者在右侧，脑亦留护心撮发和两侧各扎一发髻，衣着与大者同，双手捧一圆盒，呈一足跪地蹲坐状。此器中，作手举荷花者，谐音为"和仙"，手捧圆盒者，谐音为"合仙"，两仙同为一器，组成"和合二仙"图。其形式多在清代艺术品中出现。

219. 玉镂雕"招财进宝"龙船

清中期

长13.3厘米，高4.5厘米

玉料呈青白色。器以镂雕加阴线纹制成，作三人一马乘于一条龙形船上。三人中，前者为头戴乌纱帽，腰系朝文带，着宽袖长袍，手执书信的年长者；中为手提水桶置于船上的童子；后者亦似童子，手拉卧于船上一马的绳索。据此分析，前者似拟上任的官员，后二人似为侍者，合成寓意"马到成功"，或为"走马上任"。

220. 玉"五子登科"形笔架

清中期
高6.2厘米，宽16厘米

玉料呈青白色，局部有浅黄色和褐色沁。器圆雕成五人形笔架。五人中，从左至右分别是：寓意"连生贵子"的执荷花童子；双手捧盒，并与执荷童子合为"和合二仙"的童子；中为执如意于背上者，寓意"如意童子"；左四为双手合十童子；最后一位是左手握佛珠的弥勒。五人中，有立有坐，亦有作前行状，皆开口欢笑。器底平，可置案桌上。其人像的头部和肩的凹下处可用以架笔，故当作文房中的笔架用。明清玉器中，常见以五个童子或其他人物形象作装饰的器物，寓意"五子登科"，即父母教子有方，子女均成大器，此为其中一式。

221. 玉"渔家乐"船形摆件

清乾隆
长12.8厘米，高4.9厘米

玉料呈白色，局部有浅黄色沁。器以切割、浮雕、镂雕加阴线砣纹等手法，作一捕鱼船在水中航行。船上共五人。一侧有一长者和少年，手扶桨作观望状，一仕女于船篷窗口，举杆作晾晒衣服状；另一侧中，一壮年男子手执竹竿插入水中作划船状，船篷窗口中，一老妇作扶窗仰望状。船篷顶上，置两个鱼篓、二顶草帽及晾晒在竹竿上的渔网和挂在杆头的两条鱼；船口尚有一条犬、一个大鱼篓和晒在船边的渔网等器具；船底及底边，饰水浪和水波纹，以示船在水中航行。此类"渔家乐"图形玉器，在清乾隆间颇多，以此歌颂"乾隆盛世"时天下太平和丰衣足食。又，从此器船上的人物和用具等看，老者与子孙三代人，似满载而归，捕鱼颇丰，极富生活气息和时代感，不失为一件艺术佳作。

222. 玉"喜上眉梢"纹嵌饰

清中期

高5.9厘米，宽10.1厘米

玉料呈白色，局部留有原玉料上的黄色皮沁。器以立体镂雕加饰阴线纹制成，除有通景山石和松、竹、梅外，尚有姿态不同的喜鹊四只飞舞于花树丛中。器底平、中心空，有一长方椭圆式穿孔，既可减轻整个器物的重量，又可供嵌插用。唐以后的玉器中，常见喜鹊与梅花合为图案或器形者，其中喜鹊谐音为"喜"，梅花谐音为"眉"，合则寓意"喜上眉梢"。值得注意的是，此器上共有四只喜鹊，故它除有前述之含义外，又有"四喜归门"之含义，很少见。

223. 玉鸳鸯卧莲纹笔洗

清中期

高4.2厘米，最宽11.5厘米

玉料呈青色，局部留有原玉料皮上的黄色和褐色。器以圆雕、镂雕加阴线纹作一笔洗。
洗主体如包卷状的荷叶，内空可贮水，其周身饰有枝叶和莲子，其中一莲子上饰一留
皮鸳鸯，洗边侧饰一青蛙。

224. 玉菊瓣形盘（一对）

清乾隆间痕都斯坦造

均口径 15.2 厘米，高 1.8 厘米，边厚 0.1 厘米

玉料皆呈青绿色，局部有浅褐色沁。器圆口，菊瓣形，圈足，浅腹。据考，痕都斯坦为古代西域地区，即今巴基斯坦为主的国名，在中国史书中，最早见于元代，尤于清代乾隆年间与中国来往密切。其地产玉器，亦甚多进入中国内地，多为清宫秘藏。所产玉器，以"薄如纸"著称，图形多以花草果木为主，此为其典型代表作之一，且在民间发现，极珍贵。

225. 玉"三阳开泰"形尊

清晚期

高 17 厘米

玉质一般，浸蚀较重并呈黄褐色。器圆雕，上部作一圆口尊形，颈有一圈外凸的环式弦纹；下部作三羊并体式，首浮凸成三角形等距分布，六足立于其下一圆形托上。清代喜以三羊寓意"三阳开泰"，此为其一例。

226. 玉菊花纹长方盒

清中期

长8.5厘米，宽4.4厘米，通盖高2厘米

玉料呈白色。盒由盖和器两部分组成，均呈长方形。盖面微弧圆，在一周随形阴线弦纹内，以浅浮雕加阴线砣纹，饰三株菊花，有四朵形态略异的花朵，并有一蜻蜓欲飞向其中一盛开的大朵菊花上，盖四周侧边通饰相连接的回纹。器内空可贮物，外壁近口处亦有一周回纹，底部四角各有一形式相同的"L"形角，底中心有一圆章式款，上有剔地阳纹篆书"三枪轩"三字铭。

227. 玉鹌鹑形盒

清乾隆

长11.3厘米，通高7.3厘米

玉料呈青黄色。盒由盖和器两部分组成，内空可贮物，整体呈一口衔折枝稻穗的鹌鹑形，昂首前视，垂尾，呈伏卧状。以细密的阴线砣纹饰羽翅和羽毛等纹。器用稀有的黄玉制作，造型生动逼真，加之鹌鹑谐音为"安全"，口衔的稻穗又谐音为"岁"，故此器虽为一件实用品，但还兼有"岁岁平安"的寓意，不失为一件颇具匠心的艺术佳作。

228. 玉镂雕牡丹纹圆盒

清乾隆

通盖高3.8厘米，口径7.6厘米

玉料呈青白色，局部有浅黄色沁。盒圆形，由盖和器两部分组成。盖面平，外周侧由上至下渐宽，以镂雕加阴线砣纹饰牡丹和六瓣花及缠枝纹，盒内弧圆，内凹。器内空可贮物，圈足，外壁浅浮雕加阴线砣纹饰缠枝牡丹纹。

229. 玉松干形砚

清

长 25 厘米，厚 1.8 厘米

玉料呈青色，通体有人为的黄褐色沁。砚略扁，呈不甚规则的椭圆形，正面有两个大小不等且相连的圆形池，一作研墨用，一作积水，合似一葫芦形，通体似一古松树干，上有松树枝叶及爬于其上的一只木虱。砚底面平素无纹，有阴刻篆书铭文"山川命精晞云霞入月阳徴收"十二字。

230. 玉双螭戏珠纹砚

清晚期

长14.7厘米，厚1.8厘米

玉料呈青绿色，通体有人为的灰白色和黄色沁。体扁，舌形，正面上部近边饰双螭戏珠纹，内有一半圆形水池及其下一正方形墨池。底平素无纹。文房四宝中的砚，多以石或陶为料，以玉为砚，始见于宋，以此显示使用者地位的高贵。

231. 玉云纹长方委角形砚

清乾隆

长12.7厘米，高1.8厘米

玉料呈黄色，局部有褐色沁。器俯视呈长方委角形，正面有一椭圆形墨池及一云形水池，四周及水池内饰云纹。底有一圈随形圈足，并于圈下四角处各凸出一长方弧弯式足齿。侧面周边阴线饰连续不断的云雷纹。

232. 玉凤纹砚

清

长 15.8 厘米，厚 1.5 厘米

玉料呈青色，通体有深浅不同的黄褐色沁。器略扁，梯形，正面周边有随形弦纹一圈，上剔地阳纹云凤、圆月及其周围的阴线云雷纹等。底平，光素无纹。

233. 玉"福在眼前"图插屏

清中期

通高25厘米，宽15厘米

玉料呈白色。器呈扁平长方形，正面镂雕加阴线饰图纹，图中有一大象，象背毛毯上有一"福"字和有一盛铜钱若干的大盘，间点缀莲荷花叶和灵芝及一蝙蝠等纹。此器饰纹繁复，含义多重，有"太平有象"、"福在眼前"、"福寿双全"等寓意，且嵌入贵重的紫檀雕屏风内，是一件名贵的陈设品。

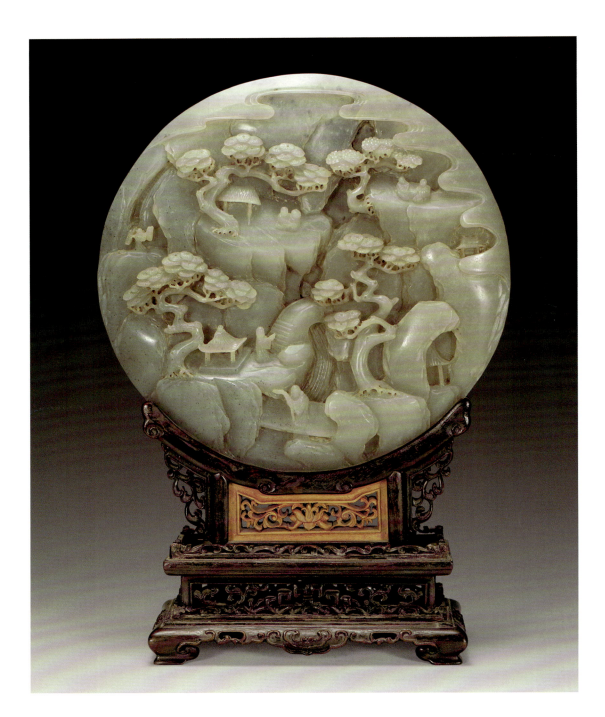

234. 玉山水人物图插屏

清中期

通高27厘米

玉料呈青色。器作扁圆形，正面以浮雕加阴线纹饰山水人物图，所饰人物计五人，其中二人对弈而坐，一人烧水，一人手执龙首杖在桥上观赏山水风景，一人双手捧物欲上其前石桥。间点缀奇石、流水、亭台、古松和桥等。背面平素无纹。器下有一紫檀和黄杨木雕花草纹座，可供玉屏插入其上用。

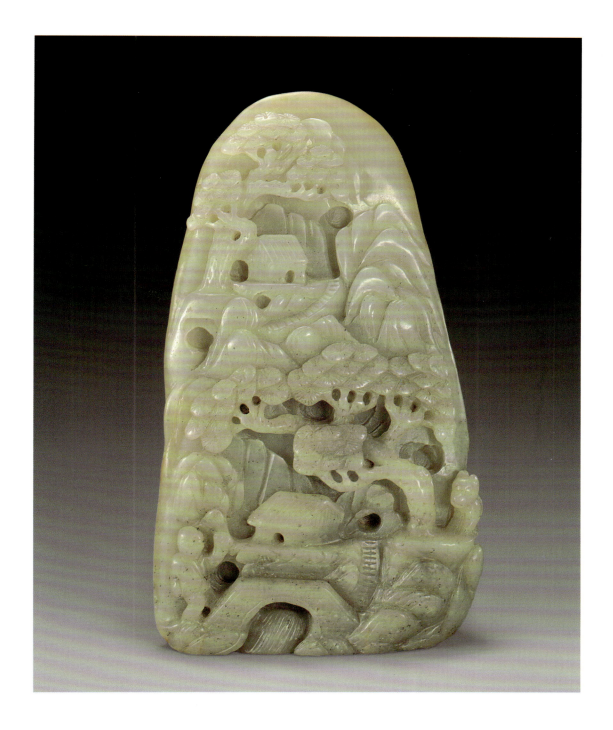

235. 玉山水人物图山子

清乾隆

高15.5厘米

玉料呈青色，局部有黑色斑点，背面留金黄色皮沁。器作山形，正面左下侧一人举手欲向桥上前行，右侧石台上有一犬，间饰崇山峻岭、岩石洞穴、山间房舍、小桥流水及参天古松。背面留有原玉皮上的金黄色浸蚀，颇有古色之美。

236. 玉"携琴访友"图山子

清乾隆
高 9.2 厘米

玉料呈青色，局部有原玉料中的黑点和白色杂斑。器以圆雕、浮雕、镂雕加阴线砣纹等手法，饰"携琴访友"图。图作通景式，上有二人，一人头戴草笠，一手携琴，面朝山，着长袍，作从桥上向山间房舍中前行状；一髫发长者，肩扛竹篓，着束腰长衣，面朝山外，呈慢步前行状。其间点缀山嶂岩石、房舍、小桥流水、山间小路和参天古松等，一派秀丽风光。此器虽有原玉料的皮色或杂色，但作者利用其不同的颜色，俏作山中不同的景色，颇具匠心。以玉作山形器，始自宋，尤在清乾隆间最盛，大至万斤以上，小至案头文玩，无所不见。

237. 玉山水人物图山子

清中期

高12.9厘米，宽9.6厘米

玉料呈白色，局部留有原玉料上的黄白色和褐色皮沁。器圆雕，作一重山叠嶂、岩洞深秘的高山形，一面有二老，一面有一长者，皆作游山观景状，间点缀参天古松、亭台楼阁和山涧流水，极富生活气息。

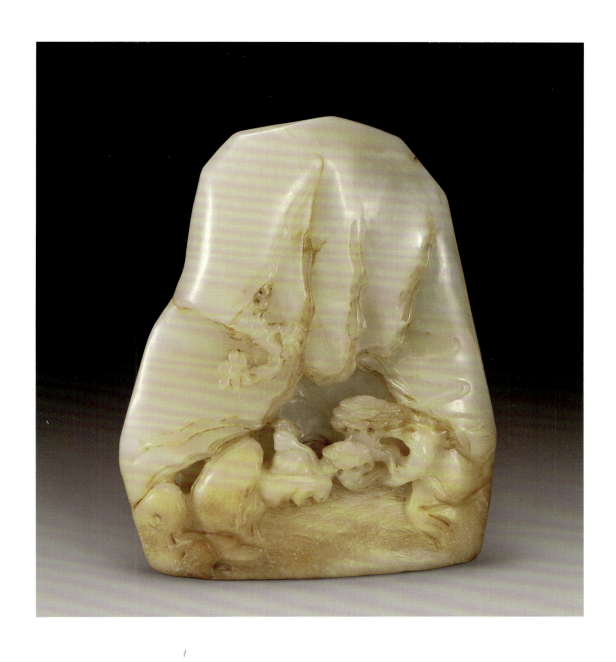